창작자들

천만을 움직이는 크리에이티브는

어디서 시작하는가

창작자들

허진호
정진영
전무송
장준환
임순례
이순재
이명세
봉준호
김용화
곽경택
강제규

포레스트북스

자신이 하는 일에 진정으로 만족하는 유일한 방법은

그 일이 훌륭하다고 믿는 것이다.

그리고 훌륭한 일을 하는 유일한 방법은 그 일을 사랑하는 것이다.

— 스티브 잡스

번데기의 시간을 보내고 있는 그대에게

"너의 길을 걸어라. 그리고 사람들로 하여금 말하도록 내버려 두어라."

제가 평소 학생들에게 자주 하는 말입니다. 스무 살이 갓 넘은 친구들과 만나서 이야기하다 보면 '삼포세대(연애, 결혼, 출산 세 가지를 포기한 세대를 일컫는 말)', '헬조선(지옥을 뜻하는 'hell'과 '조선'의 합성어로 희망이 없는 대한민국을 풍자하는 말)', '이생망(이번 생은 망했음의 준말)'과 같은 이야기들을 심심치 않게 듣게 됩니다. 그럴 때마다 마음이 참 아립니다. 어떤 일에든 도전할 수 있는 젊음과 패기, 실패해도 다시 일어나기 충분한 시간을 갖고 있음에도 왜 그들은 뛰어들기보다는 멈춤을, 나아가기보다는 물러서기를, 펼치기보다는 움츠러드는 것을 선택했을까요?

저는 중고등학교 시절을 외국에서 보냈습니다. 낯선 환경에 홀로 던져진 이방인이었죠. 자연스레 다른 사람의 눈치를 많이 보게 되었습니다. '내가 이런 행동을 하면 이 나라 사람들이 이상하다고 생각하지 않을까?', '내가 이런 말을 하면 비난받는 거 아닐까?'라는 불안이 머릿속을 떠나지 않았습니다. 하지만 곧 깨달았습니다. 이곳에서 내가 버티고 살아남는 유일한 방법은 나만의 가치관을 확고하게 세우는 것뿐이라는 점을요. 인생이 뜻대로 흘러가지 않고 힘든 고비가 수없이 찾아왔지만 그때마다 앞서 말한 저 문장을 마음속에 새겼습니다. '스스로 가고 싶은 길을 누구의 눈치도 보지 말고 묵묵히 걸어야겠다.' 그때부터 제 인생은 조금씩 달라졌습니다. 내가 내린 선택이 만족스러웠고 후회되지 않았습니다. 나의 결정을 스스로 신뢰한 만큼 제 안의 의지는 더욱 견고해졌습니다.

창밖으로 부지런히 오가는 젊은 청춘들을 보며 생각합니다. 사랑하는 나의 제자들이 다른 사람들의 시선에 얽매이지 않고 자유롭게 꿈꾸고 날 수 있기를요. 그런 생각에서 출발한 것이 바로 '디마 마스터 클래스DIMA MASTER CLASS'였습니다.

제가 몸담고 있는 동아방송예술대학교에는 디마종합촬영소라는 특별한 공간이 있습니다. 영화, 드라마, CF 등 다양한 영상 콘텐츠를 제작할 수 있는 국내 최대 규모의 촬영소지요. 「신과 함께」, 「베를린」, 「아저씨」, 「밀정」, 「아가씨」 등 굵직굵직한 작품들이 이곳에서 촬영되었습니다. 당시에 그곳에서는 봉준호 감독의

「기생충」이라는 영화가 한창 촬영되고 있었습니다. 우연히 그곳에 구경을 갔다가 '예술학도를 꿈꾸는 우리 학생들에게 봉준호 감독 같은 세계적인 거장이 힘이 되는 이야기를 들려줄 수 있다면 얼마나 좋을까?'라는 생각이 들었습니다. 곧 디마종합촬영소와 인연을 맺은 감독과 배우들을 수소문해나갔고 저의 뜻에 깊이 공감해준 열한 분의 노고 덕에 '디마 마스터 클래스' 강연을 완성할 수 있었고 책으로도 펴낼 수 있게 되었습니다.

대한민국 예술 거장으로 불리는 열한 분의 이야기는 한 편 한 편이 세상에서 가장 감동적인 영화를 본 것 같은 감동을 불러일으킵니다. 지금은 세상의 존경과 찬사를 받는 성공한 인생이지만, 그 안에는 견디고 버티고 아파했던 번데기의 시간이 분명히 존재했습니다. 만약 그들이 거기서 멈췄다면 우리는 그들의 이야기에 울고 웃는 값진 경험을 할 수 없었을지도 모릅니다.

인생에는 정해진 경로가 없습니다. 어떻게 살아야 한다는 공식도, 어떻게 사는 것이 옳고 그르다는 기준도 없습니다. 그런 의미에서 삶을 살아가는 우리 모두는 '창작자들'입니다. 우리의 삶은 저마다의 가치관에 따라 '새롭게 만들어지기' 때문입니다.
이 책 『창작자들』이 여러분에게 그런 의미로 다가갔으면 좋겠습니다. 저 역시 10년 정도를 고통 속에서 지낸 적이 있었습니다. 계획했던 모든 일이 틀어졌고 어떤 일을 추진할 때마다 벽에 가로막힌 기분이 들었습니다. 그때 절 일으켜 세운 것이 책이었습니다. 책 속에 담긴 인생 선배들의 문장을 통해 견딜 수 있었습니다. 제가 그랬던 것처럼 이 책을 읽는 여러분 또한 역경 속에서도 버티고, 일어서고, 앞으로 나아갈 수 있길 소망합니다.

BTS의 노래가 미국 빌보드 차트를 휩쓸고 영화 「기생충」이 미국 아카데미와 프랑스 칸을 정복하는 기적과 같은 일들은 하루아침에 일어난 우연이 아닐 것입니다. 그 화려함 뒤 묵묵히 창작의 고통을 감내하며 한 발짝 한 발짝 앞으로 전진하는 예술인들의 노고가 있었습니다. 앞으로 더 큰 한류를 불러일으킬 수많은 예술학도들에게 이 책을 바칩니다.

마지막으로 우리나라 교육 시스템의 발전을 주도하는 교육부와 한국연구재단에 깊은 감사의 말씀 전하며, 대학 설립 후 지금까지 학교 발전을 위해 물심양면으로 지원해주시는 최원석 이사장님께 깊이 감사드립니다.

푸르른 5월의 교정을 바라보며
동아방송예술대학교 총장 최용혁

차례

내 인생을 걸
준비가 되었나요?

강
제
규

놓으면 비로소
보이는 것들

'한국 최초의 블록버스터, 한국 영화의 자존심, 한국 영화사에
한 획을 그은 작품.' 제가 감독을 했던 영화 「쉬리」에 항상 따라
붙는 말들입니다. 저에게 기적과도 같은 성공을 가져다준 영화
였죠. 하지만 저는 그 영화를 개봉조차 하고 싶지 않았습니다. 완
전히 망할 거라고 생각했거든요.

당시는 사전 블라인드 테스트나 마케팅 분석 같은 시스템이
전혀 없던 시절이었습니다. 그래서 작업이 마무리되면 스태프들
끼리만 모여서 비공개 시사회를 했어요. 「쉬리」도 같은 과정을
거쳤고, 몇 달을 고생해서 만든 영화의 완성본을 그날 처음으로
스크린을 통해 만났습니다. 그런데 저는 중간에 뛰쳐나가고 싶
어서 죽는 줄 알았어요. 부끄러워서가 아니라 영화가 너무 재미
없어서요. 분명히 처음 촬영할 땐 재미있다고 생각했는데, 음악

이며 미술이며 완벽하게 세팅된 최종 완성본을 보는데 웬걸, 재미가 없는 거예요. 결국 시사가 끝나고도 한마디 말도 없이 입을 꾹 다물고 식당으로 갔어요. 제가 표정이 너무 어두우니 분위기가 좋을 리 없었죠. 체할 것 같은 분위기가 이어지다 한참 만에 얘기를 꺼냈습니다. "너희들 영화 어떻게 봤니?" 묻는 뉘앙스만 들어도 제가 기분이 안 좋다는 게 티가 났겠죠. 그러니 스태프들이 다 머뭇거리더라고요. 하나둘씩 제 눈치를 보면서 좋았다고 얘기를 꺼내는데 저는 그 말이 곧이곧대로 믿기지가 않았어요. 그래서 솔직히 말했죠. "큰일이다. 너무 재미가 없더라. 이제 우리 어떡하면 좋냐." 그러고는 한숨만 푹푹 쉬었어요.

예매 시작일을 앞두고도 전혀 기대를 하지 않았습니다. 아니 생각조차 안 하려고 애썼습니다. 그런 것조차 스트레스처럼 느껴졌으니까요. 당시 영화관의 환경은 지금과는 사뭇 다릅니다. 그땐 스크린 수가 열 개도 채 되지 않았던 시절이었어요. 예매라는 걸 하는 사람도 많지 않아서 2000매 정도가 당시 최고의 예매 기록이었습니다. 그런데 예매 당일 홍보팀하고 배급팀에서 전화가 오더니 이상한 일이 생겼다는 겁니다. 횡설수설하는 말을 들어보니 아무래도 뭔가 잘못된 것 같다는 소리였어요. 예매가 1만 장이 됐다는 거죠. 그 이상한 일은 결국 현실이 되었고 그게 바로 한국 영화의 전설이 되었던 「쉬리」의 시작이었습니다. 결국 영화는 폭삭 망할 거라는 제 전망과는 달리 칸까지 갔습니다. 전 세계 최초로 「타이타닉」의 기록을 경신한 영화가 「쉬리」였죠. 당시 헤드 카피가 'Swiri sinks Titanic(쉬리가 타이타닉을 침몰시켰다)' 이었습니다.

창작물은 때로 자신의 손을 떠난 순간 완성되기도 합니다. 창작자는 결코 자신의 창작물에 대해 객관적일 수가 없거든요. 자꾸만 단점이 눈에 띄고, 부족한 게 보여서 손을 대고 싶어지곤 합니다. 물론 자신의 작품을 수정하고 보완해나가려는 노력은 매우 중요합니다. 하지만 계속해서 움켜쥐고 그것 하나만 들여다보고 있을 때 완벽한 작품을 만들 수 있다는 생각은 명백한 착각입니다. 수십, 수백 번을 만진 자신의 창작물은 오히려 너무 익숙해서 더 이상하게 느껴지기도 해요. 그러니 충분한 노력을 기울였다면 이제 자신의 손에서 놓아주세요. 다른 사람에게 보이세요. 새로운 시각의 이야기를 들어보세요. 자신의 손을 떠났을 때 비로소 보이는 것들이 있습니다. 이야기가 완벽해질 순간만을 기다리며 손에 쥐고 있다가는 결국 아무것도 완성시키지 못하게 될 거예요.

감독의 시선에서 자신의 작품을 바라보면 당연히 단점이 많이 보일 수밖에 없어요. 그래서 더 판단하기가 어려운 것 같아요. 저도 예전에는 블라인드 테스트에 대해 거부감이 있었어요. '이런 걸 왜 하지? 이걸 한다고 정말 답이 되나?' 같은 생각들을 많이 했어요. 그런데 최근에 여러 경험을 해보니 의미가 있더라고요. 절대적인 답은 아니더라도 전혀 다른 시각의 이야기를 듣고 의견을 모으는 것이 정말 도움이 돼요. 옛날에는 영화를 다 만들고 나서만 테스트를 했는데 지금은 시나리오도 블라인드 테스트를 여러 번 거치는 경우가 있어요. 그러니 완벽한 작품, 나만의 작품을 만들어야 한다는 집착에 빠지지 않았으면 좋겠습니다. 영화는 감독 혼자 만드는 것이 아니니까요.

실패의
경험

오랜 시간 영화감독이라는 길 하나만을 걸어와서인지 유독 이런 질문을 많이 받곤 합니다. "감독님도 영화를 그만두고 싶다는 생각을 해본 적이 있나요?" 저의 답은 항상 같습니다. "물론이죠." 이건 영화를 하는 사람이 아니어도 마찬가지일 겁니다. 각자의 인생을 살아가는 모든 사람들이라면 다 내려놓고 싶은 좌절의 순간을 한번쯤 경험해보았을 거예요.

저는 영화에 정말 모든 걸 바친 사람이었습니다. 지금 생각하면 어떻게 그렇게까지 했을까 싶을 정도예요. 화장실에 갈 때도 시나리오가 생각날까 봐 메모장을 들고 갔고 주말에는 영화 만드는 친구들을 만나서 영화 얘기로만 수다를 떨었어요. 하루 종일 커피숍에 박혀서 열두 시간, 열세 시간씩 작업하는 건 다반사였고 버스로 출퇴근을 하면서도 덜컹거리는 차 안에서 시나리오를 썼죠. 그런 노력들이 뒷받침되어서인지 「태극기 휘날리며」까지는 제 영화 인생도 순항했습니다. 내가 목표한 것, 내가 뜻한 것들이 모두 다 이루어지더라고요. 꿈같은 시간들이었습니다.

그러던 중 할리우드에서 영화를 해보겠다고 4년 정도 미국에 머물다가 「마이웨이」라는 영화의 시나리오를 가지고 돌아왔습니다. 당시 영화감독으로서의 제 자부심은 최고점에 도달해 있었죠. 제작사에서 엄청난 돈을 투자하고, 홍보에도 상당한 비용을 들여가며 그 영화를 밀었습니다. 하지만 이전의 흥행과는 비교도 하기 부끄러울 만큼 폭삭 망했습니다. 회사는 경영난에 빠졌어요. 빚쟁이들이 돈 내놓으라고 찾아오는 건 영화 속에서나 생기는 일이라고 생각했는데, 제게도 일어나더라고요. 삶이라는 걸 감당하기가 너무 무겁다는 생각을 매일 했어요. 당연히 이 일을 계속하고 싶지도 않았습니다. 병원에 가서 상담도 받고 약도 먹으면서 한동안 뼈아픈 시간을 보냈어요.

　저는 감독으로 데뷔하기 전에 이미 시나리오로 네 편의 영화를 개봉시켰고, 어린 나이였지만 좋은 평가를 받았습니다. 「은행나무 침대」로 데뷔할 때도 안정적인 여건에서 출발할 수 있었고 그 뒤로 「쉬리」, 「태극기 휘날리며」까지 탄탄한 성공 가도를 밟고 있었죠. 그래서 실패에 대한 준비가 전혀 되어 있지 않았어요. 그간 내 노력의 결과로 당연히 얻어진 것들이라고 생각했는데, 사실은 그게 아니었던 거예요. 노력하고도 실패할 수 있는 건데 성공만 맛봤던 저는 그걸 몰랐죠. 예고 없이 다가온 대참패는 저를 시궁창으로 몰아넣었습니다.

그렇게 슬럼프를 보내면서 영화 스타일에 변화가 생겼습니다. 단편영화를 할 때의 순수함과 담백함으로 다시 돌아와서, 나 자신을 들여다보는 시간이 필요하다고 생각했습니다. 그래서「장수상회」,「민우씨 오는 날」처럼 따뜻한 가족 이야기나 소소한 사랑 이야기를 나누는 영화를 만들기 시작했어요. 그런데 얼떨떨하게 많은 분들이 좋아해주시더라고요. 강제규 감독의 새로운 면을 보았다는 평가와 함께였죠. 그 시기가 되어서야 겨우 깨달았어요. 내가 너무 격정적으로 달려오는 것에만 도취되어서 많은 걸 잃어버리면서 살아가고 있었다는 걸요.

그래서 실패를 경험하는 게 중요합니다. 연속된 성공으로 이어지는 길이 반드시 바른길은 아니거든요. 성공과 실패는 옳고 그름을 가리는 기준이 될 수 없고, 때로는 실패가 생각지도 못했던 새로운 길로 향하게도 합니다. 혹시나 당신의 뼈아픈 실패가 힘든 경험으로 남기만 하고 눈에 띄는 새로운 길은 보여주지 않는다 하더라도 너무 실망하지는 마세요. 당장 눈에 보이는 것이 없더라도 그 시기를 견디며 얻어낸 면역은 또 다른 크고 작은 좌절의 순간에 마음을 단단하게 해줄 방패가 되어줄 겁니다.

행운인지 불행인지 모르겠지만 저는 영화에 입문하고 난 이후부터 자연스럽게 성공의 길을 걸어왔어요. 그때는 열심히 했으니까 잘되는 게 당연하다고 생각했어요. 그런데 분명히 최선을 다해서 준비했던 「마이웨이」가 망하고 나니까 소위 말하는 '멘붕'이 온 거죠. 실패에 대한 준비가 전혀 안 돼 있었어요. 영화에 입문했던 초창기부터 과분한 평가를 받았고, 데뷔도 좋은 여건에서 했어요. 그 뒤로 1000만 관객을 동원한 작품까지 자연스럽게 연결이 됐기 때문에 실패에 대한 준비가 안 되어 있던 거죠. 처음으로 흥행에서 대참패를 맞이하게 되면서 전혀 훈련되지 않은 곳에 처박힌 거예요. 그때 처음으로 내가 감당하기에 너무 무겁다는 생각을 했어요. 병원에 가서 상담도 받고 약도 먹고 뼈아픈 시간을 보냈죠.

그러고 나니 좀 벗어나고 싶었어요. 블록버스터 같은 영화에서 오는 중압감, 예산에 대한 부담감. 단편영화 할 때의 순수함과 담백함으로 다시 한 번 내려와야겠다 다짐했죠. 내 스스로 나 자신을 들여다보는 시간. 그걸 통해서 많은 걸 느낄 수 있었어요. 내가 너무 격정적으로 달려오면서 성공에 도취돼 있었고, 많은 것을 놓치고 잃어버리면서 살아가고 있었구나 라는 생각을 그 시기에 굉장히 많이 했어요.

시작이
반인 이유

창작을 할 때 제일 어려운 게 뭐라고 생각하세요? 많은 사람들의 공감을 얻는 작품을 만드는 것? 아니면 길이길이 회자될 수 있는 작품을 만드는 것? 저는 모두 아니라고 생각합니다. 창작을 할 때 제일 어려운 건 '첫 작품을 만드는 일'입니다. 학생들을 만나면 그런 이야기를 많이 듣습니다. 자신에게 재능이 없는 것 같아 고민이라거나, 제가 생각하는 창작자로서의 자질은 무엇이 있는지, 그리고 자신에게는 그런 자질이 있는지 이런 것들이요. 저는 항상 그런 물음에 이렇게 답합니다. 자신에게 그런 것이 있는지 없는지는 혼자 생각하고 고민하는 게 아니라고, 결과물을 내야 알 수 있다고.

제가 영화를 하는 데에 있어 가장 기본적인 바탕이 되어준 것은 사진이었습니다. 시골에 사는 10대 청소년이 할 수 있는 일이 뭐가 있겠어요? 공부도 하기 싫고 집에 있기도 너무 심심할 때면 사진기를 들고 바깥을 쏘다녔습니다. 그때 처음으로 알게 되었죠. 내가 렌즈를 통해 들여다보는 세상과 실제로 살아가는 세상이 분명히 다르지 않은데도, 렌즈를 통해 들여다보는 세상만의 매력이 있다는 걸요. 고등학생 때는 내내 셔터를 눌러가며 찍은 사진들을 직접 인화해 저만의 컬렉션을 만들어갔습니다. 당시에는 공부나 할 것이지 바람만 들었다고 잔소리를 듣곤 했지만, 돌아보면 그런 작업들이 하나하나 농축되어서 렌즈를 통해 들여다보는 세상에 대한 기초적인 학습이 되었던 것 같아요.

고등학생 때의 경험 덕인지 대학 재학 시절에도 제가 선후배를 통틀어 가장 많은 영화를 찍은 사람이었어요. 연출만 다섯 편을 했고, 촬영까지 맡아서 한 작품은 여섯 편이었어요. 지독하게 셔터를 눌러대는 것이 버릇이 되어 있었기 때문에 남들과는 다르게 학교에 들어가자마자 영화를 찍기 시작했고, 4년이라는 짧은 시간에 무려 10편 이상을 찍고 졸업할 수 있었습니다.

그래서 저는 창작을 할 때만은 배우는 게 우선이라고 생각하지 않습니다. 일단 무엇이든 만들어보세요. 만약 영화를 찍고 싶은 거라면 말이 되든 안 되든 신경 쓰지 말고 찍어보세요. 1분짜리든 10분짜리든 상관없습니다. 복잡한 구조를 갖지 않더라도, 논리적으로 완벽하지 않아도 괜찮으니 표현하고 싶은 게 무엇인지만 구체적으로 정해놓고 결과물을 만들어보세요. 결과물을 보면 자신이 재능이 있는지 없는지는 스스로 느끼게 돼요. 그리고 그 결과물을 혼자만 가지고 있으면 아무 소용이 없어요. 촬영한 것이 있으면 꼭 편집해서 친구들과 함께 보세요. 자신이 만들어 낸 것을 함께 보고 다른 사람의 이야기를 들어보면 그제서야 비로소 자신에 대해 알 수 있을 거예요. '내가 이런 사람이구나, 내가 이런 지점에서 단점이 있고 이런 부분은 내 장점이 될 수 있구나.' 이런 경험은 자신의 자질에 대해 고민만 하고 있을 때는 절대 알아낼 수 없는 귀중한 자산입니다.

어떤 구체적인 결과물 없이 얘기하는 것은 아무 의미가 없습니다. 열심히 공부하고 준비해서 대단한 작품을 만들어보겠다는 생각이 아니라, 일단 무엇이 되든 첫 번째 작품을 완성하고 자신이 부족한 것을 채워 넣으세요. 저지르는 것이 우선이 되어야 합니다. 자신의 작품을 선보이고, 그걸 돌아보고, 그리고 또 다음 작품을 만들어간다면 훨씬 더 효율적으로 작업할 수 있어요.

'Do it right now(지금 당장 행동하라).' 제가 항상 가슴에 새기고 살아가는 말입니다. 생각하는 것보다 행동하는 것이 훨씬 더 중요하고 의미 있어요. 남들보다 더 많이 움직이고, 더 많이 경험해 보세요. 재능은 타고나는 것이 아니에요. 끊임없는 경험을 통해서 얻을 수 있는 것, 그게 바로 진짜 재능이죠.

강제규

왜
안 하지?

저에겐 마법의 질문이 하나 있습니다. 데뷔작인 「은행나무 침대」도 이 질문에서 시작됐고, 칸에서 극찬을 받았던 「쉬리」도 이 질문에서 출발했어요. 이 글의 제목이기도 한, 아주 짧지만 강력한 한마디죠. "왜 안 하지?"

저는 그런 말을 많이 들었습니다. "야, 충무로에서는 그런 거 하면 안 돼." 그런데 그런 말을 들을수록 제 안의 청개구리 본능이 깨어나더라고요. '왜 안 하지? 너무 재미있을 것 같은데. 왜 안 하는 거지?' 「은행나무 침대」는 당시로서는 엄청나게 생소하던 구성이었어요. 전생과 현생의 시간이 왔다 갔다 하면서 전개되고, 침대에 영혼이 깃들어 있다는 소재도 특이했죠. 당연히 엉뚱하다는 소리를 정말 많이 들었어요. 그런데 그 엉뚱함을 현실화시켜서 보는 사람들의 감정을 자극하는 데에 성공했다는 평을 받았죠.

「쉬리」를 만들 때도 한국형 첩보 액션이 흔한 장르가 아니었어요. 거기다 북한군과 남한군이 주인공으로 나왔죠. 당시만 해도 반공 교육이 꽤나 철저하게 이루어지고 있던 시절이었습니다.

영화를 만들고 싶다면 일단 찍으세요. 그게 말이 되든 안 되든, 1분짜리든 5분짜리든 10분짜리든 막 찍으세요. 복잡한 구조를 갖지 않더라도 괜찮습니다. 내가 왜 이걸 구상하게 되었는지, 이 이야기의 매력은 무엇인지, 여기 나오는 인물은 어떤 캐릭터인지보다는 그저 내가 표현하고 싶은 게 무엇인지만 생각하고 영상을 찍어보세요. 요즘은 휴대전화도 동영상 촬영 기능이 훌륭해서 누구나 쉽게 해볼 수 있어요. 일단 찍은 뒤 완성된 영상을 보면 내게 조금이라도 재능이 있는지 스스로 느끼게 돼요. 그리고 그걸 혼자만 갖고 있으면 아무 소용이 없어요. 편집을 해서 꼭 그 결과물을 친구들과 같이 보세요. 여러 사람의 의견을 들어봐야 한다는 얘기죠. '아, 내가 이런 사람이구나, 이건 확실히 내 단점이네. 이런 방향으로는 내가 더 보강을 해야겠구나' 같은 생각들이 자기반성으로 이어지고 발전을 가져옵니다.

구체적인 결과물을 갖고 얘기하지 않는 것은 아무 의미가 없어요. 내가 열심히 공부하고 열심히 준비해서 이런 걸 하나 만들어봐야지가 아니라 일단 만들어놓고 부족한 걸 공부하세요. 순서를 바꿔야 해요. 반드시 저지르고 봐야 됩니다. 그렇게 뒤집어서 접근을 해나가면 훨씬 더 효율적으로 작업할 수 있어요.

북한군이 무조건 나쁜 놈들로만 묘사되고, 우리가 정의롭게 그걸 막아낼 거라는 생각이 있었어요. 그런데 그해에 남우주연상을 쓸어갔던 건 북한군 역할을 했던 최민식 배우였어요. 한국형 첩보 영화가 정체된 이야기만 할 수 있는 건 아니라는 걸 세상에 알려줬던 영화였습니다.

제 인생은 항상 도전의 역사였어요. 남들이 가지 않은 길을 가는 것이 제 방식이었습니다. 거창한 뜻이 있었던 건 아니에요. 다만 저는 문을 두드리지 않고 트렌드에 맞춰서 제 작품을 가두고 싶지 않았어요. 남들이 가는 길을 따라갔으면 이런 영화들이 나올 수 없었겠죠. 영화감독 강제규라는 이름도 생소했을지 모릅니다.

재미있겠다는 생각이 들면, 해보고 싶은 게 있다면 한 번 해보세요. 다른 사람들이 하지 않는다는 건 좋은 핑계가 되지 못해요. 여러분도 알다시피, 트렌드에 맞춰서 영화를 제작한다고 해서 반드시 성공할 수 있는 것도 아닙니다. 불확실하다는 것은 모두에게 똑같이 적용돼요. 새로움에 도전한다는 건 분명 두려운 일이지만, 혁신을 이룬 것은 항상 기존에 없었던 것이니까요. 그러니 할까 말까의 기준을 다른 사람에게 두지 마세요. 선택권을 자신에게 맡기세요. 그리고 정체되지 말고 계속해서 새로움을 향해 도전하세요. 새로움을 두려워하지 않는 것에서 창작이 시작될 겁니다.

2000년대 초반만 해도 '한국에서 정치물은 안된다. 형사물은 안 된다' 같은 말들이 마치 징크스처럼 공공연하게 돌았어요. 그런데 지금 보면 그런 영화들이 주류를 이루고 있잖아요. 한국에서 좀비물이 될 거라는 생각을 누가 했겠어요? 그런데 「부산행」이 1000만 관객을 동원했죠. 「곡성」 같은 영화가 잘될 거라고 누가 생각이나 했겠어요? 그런 걸 보면 정말 많은 것들이 변하고 있다는 생각이 들어요. 한국 관객들은 새로운 것에 대해 관심을 많이 가지는 경향이 있어요. 열려 있다는 거죠. 전 세계에서 오리지널 시나리오를 가장 많이 만드는 나라도 한국이에요. 그러니 늘 새로운 걸 만들어서 관객들에게 어필해야 해요. 그렇게 시장이 순환되는 거예요.

실패는 항상
우리 곁에 있는 것

―――

곽경택

영화감독으로
산다는 것

"엄마, 큰일 났어! 오빠 영화 한대!" 어느 날 둘째 딸이 안방으로 뛰어들어오면서 한 말입니다. 큰아들이 저처럼 영화감독을 하고 싶다고 한 겁니다. 그 말을 듣자 딸아이는 집에 큰일이라도 난 것처럼 엄마에게 이르러 오고, 아내는 얼굴이 새파래집니다. "뭐? 누가 영화를 한다고?"

그때 깨달은 거죠. '아, 우리 가족들은 내가 영화감독이라는 걸 좋아하지 않는구나.' 꽤나 충격적이었습니다. 저는 제가 영화감독이라는 사실이 참 행복했으니까요. 솔직히 말해 저는 오히려 영화감독이라는 직업을 안 가진 사람이 더 불행하지 않나 생각합니다. 세상에 이렇게 재미있는 직업이 또 있을까 싶어요. 저는 건달도 되어본 적 없고, 권투선수도 되어본 적 없고, 장사리 전투에 참가했던 학도병은 죽었다 깨나도 될 수 없습니다. 친구에 지금은 아이들도 성인이 되니까 아빠가 열심히 사는 것에 대해 어느 정도 인정을 해줍니다. 하지만 그때는 딸아이도, 아내도 큰일난 것 말하니까 조금 당황했죠. 내가 부끄러운가 싶기도 했고요. 그런데 저는 영화감독이라는 직업을 가진 게 참 행복해요. 세상에 이렇게 재밌는 일이 또 있을까 싶어요. 진심으로. 저는 이 일에 100퍼센트 만족하며 살고 있습니다.

게 '니가 가라 하와이'라는 대사를 멋지게 날릴 일 같은 건 더더욱 없죠. 하지만 영화감독 같은 창작자가 되면 나와 상관없는 전혀 다른 사람처럼 살 수 있습니다. 그 사람이 되어 인생의 단면을 함께 아파하고, 고민하고, 웃고, 울고, 행복해할 수 있는 경험을 할 수 있어요.

이런 직업이 세상에 또 있을까요? 제 생각엔 이 일밖에 없는 거 같아요. 그래서 누가 뭐라고 하든 저는 제가 창작자라는 사실이, 영화감독이라는 사실이 너무 행복합니다.

내가 의대를 그만둔 이유, 의사를 포기한 이유

주변에 보면 멋있어서 영화감독이 되고 싶다는 사람들이 꼭 있습니다. 현장에서 컷, 오케이를 외치며 스태프들에게 둘러싸인 감독의 모습은 솔직히 누가 봐도 정말 멋있어 보이죠. 저도 그랬습니다. 처음엔 단순히 멋있어서 감독이 되고 싶었어요.

저는 영화를 전공한 사람이 아닙니다. 어려서부터 의대를 목표로 했고, 의대에 진학했죠. 그러다 학교를 그만두고 영화감독이 됐어요. 사람들은 이런 제 이력이 특이하다고 생각하는지 왜 의대를 그만두었냐는 질문을 많이 합니다. 이 부분에 대해 대답하려면 먼저 저희 아버지에 대한 이야기를 해야 할 것 같아요. "느그 아버지 뭐 하시노?" 영화 「친구」에서 김광규 배우가 한 유명한 대사죠. 그 대사에 자문자답해보자면, 저희 아버지는 실향민이십니다. 고향이 이북이고, 일곱 살 때 피난을 내려오셨어요. 아버지 말로는 전쟁이 일어나니까 군인들이 민간인들을 막 죽였대요. 인민군 편들었다고 죽이고, 국방군 편들었다고 또 죽이고. 사람들이 막 죽어나가는데 가만 보니 그중에 딱 한 직업만 살아남더랍니다. '의사.' 의사는 안 죽이더래요. 어린 시절에 6·25를 경험하다 보니 전쟁이 언제 또 일어날지 모른다고 생각하셨나 봐요. 그래서 '만약 다시 전쟁이 나면 꼭 살아남아서 고향에 돌아가야겠다' 하는 마음에 열심히 공부해서 의사가 되셨어요.

아버지는 누군가를 살리기 위해 의사가 된 게 아니라 자신을 살리기 위해 의사가 된 거죠. 그런데 제가 장남이거든요. 어쩔 수 없이 어릴 때부터 아버지 말씀에 따라 저는 의사가 되어야만 하는 처지였습니다. 근데 저는 철이 없었는지, 아버지 뜻과는 다르게 세상을 좀 멋있게 살고 싶었어요. 간신히 의대에 갈 점수는 맞췄지만 어마어마한 공부량을 따라가기 힘들었습니다. 그래서 자꾸만 이런 생각이 든 거죠. '이렇게 힘든 거 말고, 좀 멋있고 폼 나는 일 하면서 살고 싶다. 그래, 영화감독 같은 일!'

의대를 그만두겠다고 하던 날 아버지한테 얼마나 두들겨 맞았을지 상상이 가십니까? 죽기 직전까지 맞아도 포기를 안 하니까 자식 이기는 부모 없다고, 때리고 때리다가 결국 영상 공부를 허락해주셨죠. 아버지는 '그래, 이놈 꿈이 진짜 그거인가 보다' 하고 백기를 드셨는데, 죄송한 말이지만 저는 그때도 치열하게 영화학도로서의 꿈은 없었던 것 같아요.

"경택이 너는 뭐라도 좀 할 줄 알았는데, 실망이다." 감독 지망생의 길을 걷던 어느 날, 수업에서 선생님께 들은 말입니다. 제가 제출한 단편영화 시나리오를 보더니 앞장에 커다랗게 C⁻라고 쓰고는 가지고 가라는 거예요. 그때 처음으로 자존심에 상처를 받았습니다. 당장 다시 써 오겠다고 했어요. 그랬더니 쓰는 건 네 자유인데, 점수는 똑같다는 거예요. 상관없었어요. 이를 갈면서 다시 써 갔습니다. 엄청 신경 써서 준비해 갔죠. 이번에는 다행스럽게도 "뭐, 이건 좀 볼 만하네" 하시더라고요. 그때부터 약이 올라서 어떻게 하면 영화를 좀 더 영화답게 만들 수 있을까 아니,

정말 솔직하게 말하면 어떻게 하면 선생님한테 더 잘 보일 수 있을까, 인정받을 수 있을까를 고민하기 시작했습니다.

사람 변하는 데 오래 안 걸리더라고요. 잠을 잘 때도 영화 찍는 생각만 하고, 식당에 앉아 있어도 영화 생각만 합니다. 저 조명을 흉내 내려면 어떻게 해야 하고, 저기 앉아 있는 사람의 시선은 어디며, 무슨 생각을 하고 있을까. 저 사람이 내 영화에 나온다면 어떤 역할이 어울릴까. 그냥 눈에 보이는 모든 걸 영화적으로 해석해요. 한 6개월 정도 지나자 그때부터는 이 일이 폼 나서가 아니라 너무 좋아서, 재미있어서 하게 된 것 같아요. 이게 멋있는지 아닌지 같은 건 이제 안중에도 없게 된 거죠.

제 꿈의 시작은 단순히 멋있어 보여서였어요. 그런데 우연히 열심히 하게 되는 계기가 생긴 거죠. 제가 그랬듯 누구나 멋있어서 시작할 수는 있어요. 그걸 부정하면서 '난 겉멋만 든 걸까?' 이런 고민을 하기보다는 그 마음을 솔직하게 인정하고, 또 다른 계기를 만드는 게 중요하다고 생각해요. 20년을 영화감독으로 일해보니 '멋있는데 해볼까?' 정도의 마음으로 버티는 건 한계가 있더라고요. 감독뿐만 아니라 어떤 일이든 마찬가지 아닐까 싶습니다. 다른 사람에게 내가 어떤 마음으로 시작했느냐를 검토

받을 필요는 없어요. 돈을 벌기 위해, 혹은 가볍게 알아보고 싶어서, 멋있어서. 다 괜찮아요. 오히려 운명이다 싶은 일을 하염없이 기다리다간 아무것도 시작하지 못할지도 모릅니다.

누군가를 좋아하는 것도 비슷하지 않나요? 첫눈에 반했을 수도 있고, 이 사람 아니면 안 될 것 같을 수도 있고, 나름의 이유는 있을 거예요. 그러나 가장 중요한 건 그 이후에 어떤 모습을 보여주느냐 아닐까요. "영화감독으로 멋지게 살고 싶어요"라고 말하던 의대생은 이제 시간이 흘러 멋없는 20년 차 아저씨 감독이 되었습니다. 하지만 첫눈에 반했던 이 직업의 장점이 모두 사라져도 계속하고 싶을 만큼, 저는 지금도 이 일이 좋습니다.

자기 자신에게만큼은
실망하지 마세요

저는 연예인도 아니고, 외모가 특이하지도 않기 때문에 저를 누가 알아보는 일은 극히 드뭅니다. "영화감독 곽경택이라고 합니다"라고 소개해도 고개를 갸웃하다가 "영화 「친구」의 감독입니다"까지 말하면 그제서야 "아!" 하시는 거죠. 충분히 감사한 사람이 변하는 데 오래 안 걸리더라고요. 한 6개월 정도 하루 종일 영화 찍는 생각만 했어요. 저 조명을 흉내 내려면 어떻게 해야 될까, 저 사람을 내 영화에 출연시킨다면 어떤 역할이 어울릴까 하고요. 그렇게 훈련을 6개월 정도 했더니 나중에 실력 차이가 나더라고요. 그때부터 영화에 대한 애정이 증폭됐던 것 같아요. 단편영화다 독립영화다 가리지 않고 열심히 현장 뛰어다녔던 기억이 납니다. 지금 와서 돌아보면 멋있어서 감독하고 싶다던 철없는 놈이 참 많이 변했죠.

일이지만, 사실 저는 「억수탕」, 「닥터 K」, 「똥개」, 「챔피언」, 「사랑」, 「태풍」이라는 영화의 감독이기도 합니다. 이 영화 보신 분은 별로 없겠죠? 지금까지 열 편 정도의 영화를 찍었지만, 망한 영화가 대부분이에요. 만약 흥행감독의 비결을 알고 싶어서 이 책을 읽게 된 분들이 계시다면, 죄송하게도 제 이야기는 도움이 안 될 수 있습니다. 다만 20년 동안 계속해서 새로운 작품에 도전할 수 있는 비결이나 버틸 수 있던 나름의 비법에 대해서 궁금하다면 지금부터 할 이야기가 도움이 될지도 모르겠네요.

앞에서 말했다시피, 저는 지금까지 영화를 열 편 정도 찍었습니다. 시나리오 세 편 정도를 완성시켜야 그중 한 편을 영화로 작업해볼 기회가 생기는데 그렇게 겨우겨우 얻어낸 기회에서 좋은 성적을 거두지 못했어요. 처음 두 편을 내리 망했을 때, 하루는 선배가 소주 한 잔 사준다고 부르더니 "야, 너 이런 짓 좀 하지 마라!" 그러는 겁니다. 두 편 망한 감독이 또 시나리오를 들고 다니면 사람들이 어떻게 생각하겠냐고, 사람들이 너를 잊어버릴 때쯤 다시 나타나라는 거죠. 참 분하더라고요. 그래서 망한 감독은 시나리오도 못 들고 다니냐고 하면서 막 따졌어요.

제 눈엔 선배가 참 매정한 사람이었지만, 지금 생각해보면 선배의 눈에도 제가 참 이상한 놈이었을 거예요. 왜냐면 첫 작품이 잘 안되고 곧바로 필드를 떠나는 감독들이 많아요. 그런데 저는 첫 작품에 실패했는데 다음 작품을 준비하고, 심지어 그것도 잘 안돼놓고는 그다음 작품 해보겠다고 시나리오를 들고 돌아다녔으니까요. 근데 제 생각은 그랬어요. 한국에서 1년 동안 약 100편의 영화가 만들어지고 연말이 되면 90퍼센트 이상의 작품은 실패라는 딱지를 달고 기억 속에서 없어집니다. 그러니 그게 당연히 내 작품이 될 수 있는 거 아닐까요? 그래서 영화가 잘 안되는 거, 그건 언제든지 일어날 수 있는 일이라고 생각했어요. 실패라는 게 저 먼 어딘가로 떨어지는 게 아니고 항상 옆에 있는 거라고. 동네 주민처럼 이렇게도 지나치고, 어느 날 지나가다 어깨도 부딪히고, 익숙한. 언제든 마주쳐도 자연스러운 존재라고. 누구나 자기 작품이 10퍼센트 안에 들어서 흥행하고 싶겠지만 확률적으로만 봐도 가능성이 희박하죠. 특히나 첫 작품이라면 그 확률은 훨씬 적을 테고요.

이렇게 실패가 난무하는 영화시장에서 제가 20년간 계속 일할 수 있던 이유는 실패의 순간마다 스스로에게 하던 행동 때문이라고 생각합니다. 영화가 실패할 때, 대중으로부터 혹평이 날아올 때, 투자자에게 모욕을 당할 때, 저는 제 자신에게 뭐라고 말했을까요? "당신들이 뭘 알아, 언젠간 나를 알아줄 사람이 나타날 거야!"였을까요? 아닙니다. 저는 이렇게 생각했어요. "아무리 그렇게 실망해봐라. 내가 나한테 실망하나." 스스로를 대단한 사람이라고 생각해서가 아니에요. 내가 나에게 실망하는 순간 진짜 끝이라는 걸 알고 있었기 때문입니다. 저는 영화 두 개를 말아먹고도 아직 하고 싶은 이야기가 남아 있었고, 할 만큼 하지 않았냐는 선배에게 이렇게 말했어요. "형, 저 조금만 더 해볼랍니다." 그리고 선배가 들고 다니지 말라던 그 시나리오 첫 장의 제목엔 이렇게 쓰여 있었죠. 영화 「친구」.

가장 잘 아는 것이
가장 잘하는 것

제가 한번은 강의를 앞두고 너무 겁이 나는 겁니다. "감독님, 예술이 뭡니까?" 누가 이런 질문을 할까 봐서요. 나도 잘 모르는데 어떻게 답을 할까 싶어서 책을 찾아봤어요. 미국에서 만든 사전이었는데, 거기에 예술을 이렇게 적어 놓았더라고요. '예술이란 새로운 것, 진실한 것, 또는 그것을 하는 행위다.' 가만히 생각해보니까 진짜 그런 거예요.

여러분이 영상을 만들고, 글을 쓰고, 회사를 다니거나 그 어떤 일을 해도 사실 성공할 확률보다는 실패할 확률이 훨씬 높아요. 그러니 이 말을 꼭 마음속에 새겨두셨으면 좋겠어요. "남들이 아무리 나에게 실망해도 나는 나에게 절대로 실망하지 말자." 내가 나를 비난하지 않아도, 실패를 겪고 나면 가슴 아픈 피드백이 사방에서 날아옵니다. 거기에 굳이 자신의 비난까지 보탤 필요는 없어요. 나만큼은 나에게 실망하지 않는 연습, 스스로를 비난하지 않는 연습을 하세요. 그렇게 스스로를 지키다 보면 어느 날 필드에서 버티고 있는 자신을 발견할 수 있을 겁니다.

유명한 영화제를 떠올려보세요. 새롭거나 굉장히 진실된 이야기가 나오면 관객들이 일어나 꼭 박수를 쳐줍니다.

남들이 느끼기에 새롭거나 진실된 창작물을 만들려면 우리는 어떻게 해야 할까요? 다양한 경험을 쌓을 수밖에 없습니다. 그런데 아마 이 글을 읽는 2~30대 젊은 분들은 경험이 별로 없을 거예요. 기껏해야 군대 가서 혼난 거, 학업이나 취직 때문에 힘들었던 거, 부모님 또는 친구와의 갈등. 좀 더 아픈 기억이 있는 사람이라고 하면 불우한 가정 환경에서 자란 것 정도일 겁니다. 영화로 나올 만한 깊이 있고 색다른 갈등을 대부분 안 해보고 살았을 거예요. 영화라는 건 수많은 캐릭터가 부딪히면서 이야기가 전개되기 때문에 경험이 없으면 갈등을 그려내지도, 새로운 것을 만들어내지도 못하게 됩니다.

"그러면 어떻게 해야 합니까? 우리는 경험이 없으니 아무것도 만들지 못한다는 얘기입니까?" 누군가는 이렇게 반문할 수 있습니다. 제가 말하고 싶은 건 예술을 하지 말라는 게 아니에요. 여러분이 갖고 있는 것, 여러분이 알고 있는 것을 하시라는 겁니다. 여러분이 살아온 이야기, 여러분만이 알고 있는 일화와 생각. 이런 건 자기 자신밖에 모릅니다. 지금까지 자라온 20년, 혹은 30년의 경험은 이 세상에 딱 하나밖에 없는 거죠. 다른 사람은 알지도 못하고 그렇기 때문에 하지도 못해요. 그게 여러분의 경쟁력이에요.

제가 영화 「친구」를 작업할 2000년 당시엔 사투리를 남발하는 영화가 없었습니다. 촬영 들어가기 직전까지도 제작사에서 이렇게 사정하더라고요. "곽 감독, 서울말 쓰는 학생이 한두 명이라도 전학 오면 어떨까?" 그런데 제가 뭔가 새로운 시도를 하고 싶어서 사투리를 억지로 끼워 넣은 게 아닙니다. 제 고향이 부산이에요. 세 번째 작품까지 망해버리면 다시는 영화를 만들지 못할 수도 있으니까 가장 나다운 영화를 만들어보자 싶었고, 부산말이 편하니까 시나리오를 부산 사투리로 쓰게 됐어요. 의도한 건 아닌데 거기에서 신선함이 나왔던 거죠. 앞서 말한 새롭고 진실된 것. 그때 나름의 깨달음을 얻어서 그런지 자꾸만 자기가 잘 알지 못하는 사회적 음모, 난해한 SF로 첫 작품을 시작하려는 후배들을 만나면 걱정이 되고 가능하다면 말리고 싶습니다.

잘 아는 것과 잘 알지 못하는 것, 이 사이를 고민해야 하는 건 영화를 만들 때만 해당되는 이야기는 아닐 겁니다. 자기소개서를 쓸 때나 사업의 분야를 정할 때, 요즘을 예로 들면 유튜브 소

영화 두 편을 내리 망하니까 세 번째도 망할 거 같았어요. 이번에도 망한다면 완전히 아웃이니까 마지막으로 내 이야길 찍어봐야겠다고 생각했죠. 당시에 어떤 제작사에서 이런 얘기도 했다고 해요. "그 감독 상태가 안 좋은 것 같다. 무슨 대사를 전부 사투리로 쓰냐. 분명 망할 거다." 그래도 물러서지 않았던 이유는, 저는 사투리에 그 지역만의 정서가 녹아 있다고 생각해요. 그 정서가 영화에 제대로 담겨야 의미가 있다고 믿었고요. 물론 이것도 영화가 잘되고 나니 하는 말일 수 있겠지만, 저는 그게 「친구」가 사랑받았던 이유라고 생각합니다.

재를 정할 때가 될 수도 있겠죠. 무언가 하고자 하는 일을 결정할 때 모두 마찬가지라고 생각해요. 새로운 것을 시도하는 건 좋지만, 그게 나에게조차 새롭다면 다른 사람의 마음을 움직이기 어렵습니다. 내가 잘 아는 것, 특히 내 경험 속에서 가장 인상적이었던 뭔가를 찾아서 시작하세요. 그게 가장 경쟁력이 높은 선택입니다.

영업력이
필요한 순간

감독 지망생 시절 제가 가장 듣고 싶었던 말이 있습니다. "곽경택 씨, 제가 그 영화에 투자해볼까요?" 정말 꿈같은 일이죠. 하지만 그런 일은 실제로 한 번도 일어나지 않았습니다. 영화계를 쥐락펴락할 만큼 돈이 많은 지인도 없거니와 가만히 있는 사람에게 다가와 투자하려는 제작사는 더더욱 없었어요. 어느 날, 저는 이런 생각을 합니다. '첫 영화를 찍으려면 감독보다는 외판원이 되어야겠다. 아무리 재미있는 영화도 제작되기 전까지는 글 뭉치일 뿐이니까.' 그날부터 수많은 글 뭉치들 사이에서 어떻게 소개하면 내 것을 읽고 싶어질까 고민해봤어요. 어떤 자리에서 누구를 만나더라도 준비 중인 영화에 대해 빠르고 명확하게 소개할 수 있어야 하겠더라고요. 계획은 성공적이었습니다. 저는 제작사와 투자자들에게 곽경택이라는 사람을 영업했고, 그 덕에 첫 영화를 찍을 수 있었습니다.

제가 감독 지망생들에게 항상 첫 번째로 강조하는 것이 '영업 마인드'입니다. 물론 천부적인 재능이 있거나, 투자가 필요 없는 상황이라면 상관없습니다. 하지만 그게 아니라면 영업 마인드를 꼭 갖춰야 해요. 아이디어를 소개할 때 움츠러들지 않는 연습을 꼭 했으면 좋겠어요. 어렵다는 건 압니다. 하지만 어렵기 때문에 더 갈고닦는 사람과, 어렵기 때문에 하지 않는 사람이 있다면 누구의 손을 잡고 싶을까요? 저는 영화를 열 편 넘게 찍었지만 지금도 어느 투자사에서 '다음 작품에 대해 프레젠테이션 하세요' 하면 바로 갑니다. 마다할 이유가 하나도 없죠. 이 과정만 겪고 나면 내가 좋아하는 영화를 찍을 수 있는데.

내가 할 수 있는 것, 앞으로 하고자 하는 것을 명확하게 정리해서 말로 가지고 다니세요. 주춤거리는 사람에게 제 발로 찾아오는 기회는 없습니다.

내 아이디어, 내 연기, 내 글, 이런 것들을 소개할 때 움츠러들지 마세요. 필드에 나갔을 때 가장 필요한 덕목은 공격적으로 나의 상상력과 나의 재주와 내 연기력을 소개할 줄 아는 것입니다. "제가 당신이 하는 일에 관심이 있는데 좀 더 얘기해줄래요?" 하고 먼저 다가와 손 내미는 일은 결코 벌어지지 않습니다. 그러니까 항상 스스로를 어딘가에 소개할 준비는 완벽히 갖추어서 다니세요. 부끄러워하면 안 돼요. 누구를 만나든!

나를 위로하는
연습

제가 영화 두 편을 연달아 망했을 때의 이야기입니다. 다행히도 세 개를 연달아 망한 감독이 되지는 않았지만, 그래도 두 개를 연달아 망했을 당시에는 심정이 참담했습니다. 어쩔 수 없이 아내도 저를 한심한 사람 취급합니다. 슬픈 건 저도 그 마음이 너무 이해가 간다는 거예요. 하루는 너무 속상한 마음에 부모님은 위로해주시겠지 싶어서 부산의 본가에 찾아갔어요. 어쩐 일이냐고 묻길래, 그냥 왔다고 말했습니다. 아버지가 "경택아, 좀 앉아 봐라" 하시더라고요. 그러더니 하시는 말씀이 인생에서 가장 중요한 게 자기가 얼마나 부족한지를 빨리 깨닫는 거라고, 이제 영화 일 하지 말라는 거예요. 그 말을 듣고 얼마나 속상한지 눈물이 펑펑 났습니다. 마지막으로 날 위로해줄 사람은 부모님이라 여겼는데 아예 비수를 꽂는구나 싶었어요. 아버지께 그 말 저한테 하신 거 후회하게 될 거라고, 후회하는 모습 보고 말 거라고 소리치고 나와버렸습니다.

저뿐만 아니라, 이 글을 읽는 분들도 어느 날 위로가 간절히 필요한 순간이 올 수 있습니다. 우리나라처럼 경쟁이 심한 나라에서는 뛰어야 걷는 거예요. 걸으면 서 있는 것이고, 서 있으면 밀리죠. 뛰어야 정상 스피드라는 소리입니다. 사는 게 얼마나 벅차고 힘들어요. 자연스럽게 타인에게 기대고 싶지요. 그런데 이런 상황일수록 다른 사람에게 위로를 너무 기대하지 마세요. 타인에게 격려받으려고 하는 건 자신의 단단함을 유지하는 데 그리 좋은 방법은 아닙니다. 그리고 정말 위로가 필요한 순간에 가까운 사람에게 외면당한다면 영영 회복하지 못할지도 몰라요. 제가 추천하고 싶은 건, 위로해줄 누군가를 찾을 시간에 스스로를 위로하는 방법을 찾는 겁니다. 처음엔 분명 어려울 수 있어요. 나를 다독여본 경험, 내가 좋아하는 것을 알아내서 스스로에게 쥐어주는 경험, 그런 걸 해본 사람보다는 안 해본 사람이 더 많을 테니까요. 저 같은 경우엔 영화 하는 사람들끼리 모여 밤에 술 한잔하면서 실컷 떠들어요. 편한 사람들끼리 만나서 좋아하는 영화 얘기 실컷 하고 나면 스트레스도 풀리고 다음 작품에 대한 힌트도 얻어서 더 좋은 방향으로 나아갈 수 있는 힘이 됩니다.

이렇게 스스로를 위로하는 습관을 들이다 보니 다른 사람에게 꼭 위로받을 필요는 없었어요. 게다가 창작자는 스트레스를 떠안고 사는 직업이라고 보시면 됩니다. 언젠가 강연을 하는데 누군가 묻더라고요. "어떤 사람이 창작자로 오랫동안 일할 수 있나요?" 저는 '스트레스를 빠르게 해결할 수 있는 사람'이라고 대답했습니다. 그러니 오늘부터 마음먹고 찾아볼까요? 혼자서 스트레스를 풀 수 있는 방법. 이 글을 읽는 분과 언젠가 필드에서 만날 날을 꿈꾸며 저도 잘 버티고 있겠습니다.

고민은 항상 따라다니는 거 같아요. 고민하기 싫어하면 아무 일도 못하니까. 대신 얼마나 빠른 시간 안에 방안을 찾느냐가 중요하겠죠. 저도 여러분한테 이렇게 해라, 저렇게 해라 이야기하고 있지만 마음고생이 왜 없겠어요. 시작할 때부터 지금까지 크면 커졌지 작아진 적이 없어요. 똑같아요.

잊지 마세요. 여러분들이 좌절하고 비난받고 고민하고 시간을 들이고 아파했던 모든 순간들이 언젠가 훌륭한 자양분이 될 거예요. 반드시.

내가 당신을
위로할 수 있다면

———

김
용
화

사랑받고 싶은
콤플렉스

초등학교 때 학교에 가려고 집을 뛰어나가다가 나자빠진 적이 있었습니다. 발밑에 미끈거리는 붉은 게 있었는데, 자세히 보니까 피더라고요. 아버지는 익숙한 듯이 바닥을 닦고 있었습니다. 그 피는 저희 어머니가 토해낸 것이었어요. 어머니는 저를 낳으면서 간경화라는 병에 걸리셨습니다. 그래서 저는 어머니가 건강하신 모습을 한 번도 본 적이 없습니다. 무려 23년이라는 세월 동안 거의 누워만 계셨고, 내내 피를 토하다가 결국 돌아가셨습니다. 아버지는 어머니가 돌아가시기 한 해 전에 세상을 떠나셨고요.

사춘기가 오기도 전에 이런 광경을 마주하다 보니, 또래들과는 다르게 행동할 수밖에 없었습니다. 제 경우에는 말이 많아졌죠. 그때 내가 왜 그랬을까 곰곰이 생각해보면, 들키기 싫었던 것 같아요. 우리 집안의 상황이 어떤지, 왜 유독 어머니 이야기만 나오면 말을 돌리는지. 해결책은 간단했습니다. 나를 우울하게 만드는 그 이야기를 하지 않아도 될 만큼 재미있는 거짓말을 하면 됐죠. 다행인 건, 잘했어요. 그런 친구들 있지 않나요? 쉬는 시간만 되면 친구들 불러 모아서 한참을 웃겨주는 녀석. 분명 거짓말인 걸 알지만 자꾸만 빠져들 수밖에 없는 얘기를 하는 친구들 말이에요. 좋았습니다. 그렇게라도 관심을 받을 수 있다는 사실이요. 그러다 보니 어느 순간부터는 집안의 비밀을 숨기기 위해서가 아니라 더 많은 관심을 받기 위해 이야기를 지어내고 있었습니다. 어쩌면 저에게는 사랑받고 싶은 콤플렉스가 자리하고 있었는지도 모릅니다.

제가 이런 얘기를 털어놓은 이유는, 바로 이게 제가 영화를 만드는 이유이기 때문입니다. 저는 위로가 필요한 누군가를 위해 영화를 만듭니다. 저와 같이 불우한 가정환경에서 자란 사람, 꿈꾸는 일이 있지만 한 발짝도 나아가지 못하는 사람, 인생에 되는 일이 하나도 없는 것 같은 사람. 그리고 가장 중요한 저 자신을 위로하기 위해서 말이죠.

모든 사람이 저와 같은 마음가짐으로 콘텐츠를 만들어야 한다는 이야기는 아닙니다. 내가 가장 필요로 하는 걸 만들면 된다는 얘기를 하는 거죠. 창작자가 되고 싶은 사람들은 아마 끊임없이 고민할 겁니다. 뭐가 더 뛰어날까. 어떤 게 더 필요할까. 그런데 그전에 스스로를 들여다봤으면 좋겠어요. 내가 필요로 하는 이야기가 뭘까. 위로일까, 즐거움일까, 분노일까. 아마 조금씩 다를 겁니다. 우리의 일은 그걸 표현하는 것일지도 몰라요. 콤플렉스는 그렇게 콘텐츠가 됩니다.

어렸을 때 저희 어머니는 배가 항상 불룩했어요. 당시에는 잘 몰랐지만 간경화에 걸리면 복수가 차게 됩니다. 당연히 어머니는 힘드셨겠죠. 몸이 무거운 데다 물도 정기적으로 빼내야 하니까요. 그런데 또 당신 자식을 학교에 굶겨 보내고 싶진 않으신 거예요. 밥을 할 시간도 여력도 기력도 없으시면서.

어머니는 그때부터 당신만의 아침 밥상을 차려주기 시작하셨습니다. 전날 해놓은 밥에 물을 붓고 다시 취사 버튼을 누르면 누룽지가 돼요. 어머니는 그 누룽지에다가, 제가 좋아하는 볶음 김치나 총각김치, 그리고 반찬 몇 가지를 더해서 밥을 차려주셨어요. 아침에 일어나서 누룽지 밥을 먹고 학교에 가는 일이 패턴처럼 반복된 것이지요.

「신과 함께」 첫 시사회 날이었습니다. 영화 상영이 끝나고 기자들의 질문을 받았는데, 그중 한 분이 영화 속에 등장한 전기밥솥에 혹시 특별한 사연이 있는 거냐고 물으셨어요. 「국가대표」 때도 나왔는데 이번 영화에 또 쓰인 걸 보니 나름의 사연이 있을 것 같다는 얘기였지요. 사실 저도 몰랐어요. 제가 그걸 또 넣었는지.

솔직해지기

"어떤 사람이 천재라고 생각하나요?" 꽤 많이 듣는 질문입니다. 특히 성공을 거둔 사람들의 인터뷰에는 이런 질문이 자주 등장하지요. 이런 질문을 하는 이유는 무엇일까요? 아마도 스스로에게 재능이 있는지 없는지를 확인하고 싶기 때문일 테죠. 그래서 성공한 사람들이 말하는 재능은 어떤 이에게는 자신감을, 또 다른 이에게는 패배감을 안겨줄 것입니다.

만약 누군가 제게 이 질문을 한다면 저는 없다고 답할 것 같습니다. 만약 제가 그 답을 알고 있다면 여태껏 실패하지 않았을 테니까요. 실패한다는 건 결국 정답을 모른다는 말과 같은 것 아닐까요?

제 영화는 그래요. 내가 겪었던 일, 내가 원했던 바를 털어놓는 거죠. 지금까지 여섯 편의 영화를 만들었는데, 어쩌면 소재만 다를 뿐이지 매번 같은 얘기를 했던 것 같습니다. 내가 영화를 통해 위로를 받았듯이 나도 대중을 위로하고 싶다는 마음으로요.

그래도 굳이 한 가지를 꼽아야 한다면 이렇게 말하고 싶습니다. '솔직함.' 영화뿐만이 아닙니다. 예술 혹은 창작의 영역에 있어 천재를 한 단어로 표현해야 한다면 저는 솔직함이라고 생각해요. 인간만큼 자기감정 들키는 걸 창피해하는 동물이 없습니다. 외로운데 외로운 척 안 하고, 기쁜데 기쁜 척 안 하고, 힘든데 힘든 척 안 하고. 내 감정을 들키면 창피하니까 억지로 미소 짓고 뒤에 가서 울고. 그렇기 때문에 더욱더 공감이라는 요소에 집착하나 봅니다. 누군가 내 속마음을 이해해줬으면 하고 바라니까요.

그래서 우리가 연기를 잘한다고 생각하는 배우, 좋은 영화를 만든다고 인정받는 감독들을 보면 도통 숨기지를 않습니다. 숨기고 싶은 비밀, 추악한 면, 나약한 속마음 등을 신랄하고 거침없이, 그야말로 남김없이 표현해요. 그래서 보는 사람으로부터 이런 마음이 들 수밖에 없게 만듭니다. "맞아. 나도 저런데……."

이렇게 쉽게 말하지만 저 역시 그러지 못합니다. 밖에서는 "내가 보는 세상이 가장 중요하다"고 잘도 말하지만 실상은 딴판이죠. 쉰이 다 되어가는 지금도 '사람들이 나를 이상하게 생각하지 않을까?', '내가 이렇게 말하면 사람들이 오해하는 거 아닐까?',

'나의 진짜 모습을 알게 되면 사람들이 내게서 등을 돌리는 거 아닐까?' 하면서 고민합니다. 그 때문에 「신과 함께」를 찍을 때 참 많이 힘들었죠.

「신과 함께」의 주인공 자홍은 생활고에 시달리다 못해 농아인 엄마를 베개로 눌러 죽이려 합니다. 그리고 자신 역시 동생과 함께 약을 먹고 이 세상을 등지려 하지요. 하지만 자홍은 끝내 결심을 실현하지 못하고 죄책감에 집을 떠나게 됩니다. 그러곤 멀리서나마 동생과 어머니를 지켜보며 도움을 주고자 노력하죠. 부끄럽지만 자홍의 그 모습은 저와 비슷했습니다. 자홍처럼 효자는 아니었지만, 어린 나이에 누워 계신 엄마와 아버지를 모셔야 한다는 부담은 제게도 너무 컸죠.

대학생이 되면서부터 저는 돈을 벌어야 했습니다. 이젠 가장으로 생계를 책임질 수 있는 나이니까요. 학교를 휴학하고 생선 장사를 시작했습니다. 하루에 짧게는 세 시간, 많게는 네 시간쯤 자며 장사에 매달렸습니다. 제가 하지 않으면 안 되는 상황이었어요. 몸의 피곤함은 이루 말할 수 없었고 정신적으로도 너무 피로했습니다. '내가 왜 이렇게 살아야 하나'라는 억울함이 책임감을 넘기 시작했죠. 그리고 그때쯤 어머니와 아버지가 돌아가셨습니다. 슬펐고, 후련했습니다. '아, 이제 다 끝났구나.' 인정하기 싫었지만 홀가분했어요. 왜 나만 이런 상황에 처해야 하냐는 억울한 효심. 자홍의 모습은 저와 꼭 닮아 있었습니다. 그게 제 모습이었습니다. 그리고 15년이 지난 뒤에서야 그 솔직한 마음을 털어놓을 수 있었죠.

음악, 그림, 영화, 드라마 등등 요즘처럼 다양하고 방대한 양의 콘텐츠가 터져 나오는 시기는 또 없을 겁니다. 그리고 그만큼 나의 재능에 대해 의심하고 실망할 기회 역시 많을 테죠. '왜 나만⋯⋯', '어떻게 쟤가⋯⋯'라는 생각이 끊임없이 들 겁니다. 그리고 그 마음마저 솔직하게 털어놓는 것이 우리가 해야 할 일이죠. 천재란 하늘이 내려준 재능이라는 뜻입니다. 만약 천재의 재능이 솔직함이라면 우리 모두가 가질 수 있는 것일 테죠. 그래서 어쩌면 천재는 하늘이 내려주는 것이 아니라, 나의 선택에 의해 태어나는 것일지도 모릅니다. 더럽고 추잡한 나의 생각마저 남김없이 드러낼 수 있는 용기. 천재의 능력은 그런 것일 테니까요.

제가 이렇게 길게 천재에 대해서 얘기하는 이유는 흔히 말하는 천재, 즉 타고난 능력이라는 게 닿을 수 없는 목표가 아니라는 말을 하고 싶어서예요. 그러니 내가 천재일까 아닐까를 고민하면서 자기 자신을 학대하지 마셨으면 좋겠다는 얘기죠. 앞서 말씀드렸듯이 저는 스스로를 학대하는 사람이었거든요. 부디 이 책을 읽는 여러분은 그러지 않으셨으면 좋겠습니다.

모르는 게
약이 될 때

2004년 혹은 2005년 정도였던 것 같습니다. 택시를 타고 가다 기사님에게 물어봤어요. "기사님, 제가 얼마 전에 들은 얘기가 있는데 너무 충격적이라서요. 한번 들어보실래요?" "뭔데요?" "아니, 체중이 한 90킬로그램 정도 나가는 여자애가 있는 거예요. 근데 얘가 지금 제일 인기 있는 가수가 됐다고 하더라고요." "네? 그런 일이 있어요?" "예, 그렇다니까요." "에이, 거짓말 아니에요?" 이런저런 얘기 끝에 저는 택시에서 내렸고, 조용히 외쳤습니다. "됐다." 2006년에 개봉한 영화 「미녀는 괴로워」는 그렇게 탄생했습니다.

이뿐만이 아닙니다. 제가 영화를 기획할 때 가장 먼저 의견을 듣는 사람은 속칭 전문가가 아닙니다. 영화 관계자도 아닙니다.

"내가 보는 세상이 더 중요하지, 사람들이 나를 보는 건 별로 중요하지 않아"라고 입버릇처럼 말하지만 일정 부분은 거짓말이 섞여 있어요. 저 역시 아직도 사람들에게 제가 어떻게 보일지를 신경 쓰니까요.

제가 존경하는 세계적인 영화감독 폴 토마스 앤더슨은 그렇지 않아요. 저는 예술계의 천재는 딱 한 단어로 규정할 수 있다고 생각해요. '솔직함.' 자기가 처한 상황, 사회적 관계, 심지어 시나리오를 쓸 때의 작법까지 자신을 둘러싼 모든 것들을 내려놓고 내가 느꼈던 것을, 내가 경험한 것들을 거짓 없이 쓸 수 있고 실현할 수 있느냐는 것이지요. 비단 영화에만 해당되는 이야기는 아닌 것 같아요. 작가도 마찬가지고, 화가도 마찬가지고요.

여러분에게 폴 토마스 앤더슨이 되라고 말씀드리는 게 아니에요. 제가 하고자 하는 얘기는, 천재라는 게 어떻게 보면 정말 어렵지 않다는 거죠. 솔직함이라는 게 결코 불가능한 일은 아니잖아요. '아, 내가 어떻게 이렇게 고매한 생각을 하지?', '이런 생각을 하다니 나는 진짜 저열한 인간이구나.', '이런 걸 상상하는 내가 과연 평범한 인간인가?'처럼 자신을 이루고 있는 모든 것들을 그대로 쏟아낼 수 있으면 되는 거죠.

제 조카, 우연히 만난 택시 기사님, 편의점 아르바이트생 같은 사람들이에요. 왜 그럴까요? 모순적이지만, 영화를 모르는 사람들이 영화를 가장 잘 알기 때문이죠.

　많은 전문가들이 이의를 제기할지도 모릅니다. 전문가라는 말의 의미가 퇴색될 테니까요. 하지만 이런 일은 실제로 매년 벌어지고 있습니다. 영화를 잘 아는 전문가가 정말 세상에 존재한다면, 1000만 관객이 드는 영화를 만든 회사가 다음 해에 70만짜리 영화를 만드는 멍청한 일은 결코 하지 않겠죠. 전문가의 존재를 부정하는 것은 아닙니다. 예술성이 뛰어난 영화와 대중성이 높은 영화는 출발점이 달라야 한다는 점을 말하고 싶은 거예요.

　그렇기 때문에 저는 제가 만든 시나리오 혹은 영화에 대한 의견을 물을 때 상위 1퍼센트와 하위 1퍼센트는 과감하게 버립니다. 물론 감사하고 새겨들을 만한 의견도 많지만 제가 설득하고 싶은 건 그들이 아닙니다. 그 이외의 98퍼센트죠. 실제로 저는 영화 개봉 전 블라인드 시사를 통해 모니터 평점을 매겨 볼 때도 1점과 5점은 읽지 않습니다. 소중한 의견이지만 두 눈 질끈 감고 넘깁니다. 그리고 2점부터 봅니다. 2점을 3점으로, 3점을 4점으로, 4점을 5점으로 만들기 위해서요.

김용화

한 업계에서 나름의 성공을 하기 위해선 더 치열하게 파고들고 더 끈질기게 매달릴 수밖에 없습니다. 더 많은 전문가의 의견을 듣고 새로운 것을 계속해서 받아들여야 하죠. 다만 거기에 고여서는 안 됩니다. 결국 우리가 만나야 하는 사람은 매일같이 영화를 보며 숨겨져 있는 의미를 찾는 사람이 아니니까요. 하루 종일 땀 흘리며 구두 닦으시는 아버지와, 학교에서 패싸움을 벌였던 딸이 기분 좋게 보러 갈 수 있는 영화가 있습니다. 우리가 만들고 싶은 것이 그런 것이라면, 우리가 들어야 할 의견 역시 1퍼센트의 전문가가 아니라 98퍼센트의 보통 사람들이에요.

경험의
이유

"어떻게 하면 영화를 잘 만들 수 있나요?" 누군가 영화감독에게 이렇게 묻는다면 주로 이런 대답이 나올 겁니다. "경험을 많이 해라.", "여행도 많이 다니고, 영화도 많이 보고 다양한 삶을 겪어봐라." 그러면 이런 생각이 들 거예요. '그럴 시간이 어디 있지?' 맞아요. 누구나 많은 걸 경험하는 게 좋다는 걸 알지만 그 모든 걸 다하기엔 해야 할 일이 너무나도 많은 세상이죠.

실제로 영화는 영화를 안 하는 사람이 제일 잘 알아요. 속칭 관계자라고 하는 사람들이 가장 매너리즘에 빠져 있고 제일 모릅니다. 대형 투자배급사에는 우리나라 최고 대학을 나왔다는 똑똑한 친구들이 근무하고 있어요. 입사 경쟁률도 엄청나죠. 그런데 신기하게도 한 해에 1000만짜리 영화를 만들고 그다음 분기에 갑자기 70만짜리 영화를 만들기도 해요. 설명이 안 되잖아요. 그들이 정말 영화를 잘 아는 사람들이라면.

그러면 뭐라 그래요? 될 줄 알았대요. 주변
이 다 오염돼 있는 거죠. 아무도 나쁜 소리
안 하는 거예요. 영화는 저랑 생면부지인 사
람에게 제 얘기를 하는 거예요, 관계자들한
테 저를 평가받는 게 아니라. 그러니 위아래
를 너무 신경 쓰지 않아도 돼요. 그 안에 있
는 평범한 보통 분들을 만족시키는 것이 대
중영화에서는 더 중요합니다.

저도 비슷한 이야기를 들은 적이 있습니다. 제가 VFX^{Visual Effect}
(영화 및 애니메이션에 활용되는 시각적 특수 효과)에 대해 공부했을 때인
데, 사람들이 이러더라고요. "요즘 영화 안 해? 그런 거 할 시간
이 있어?" 그런 생각이 들 만도 합니다. 저는 40대 후반의 영화감
독이고, 사람들 눈에 이건 취미 생활처럼 보이니까요. 그런데 조
금만 다르게 생각해봅시다. 제가 VFX를 배웠던 이유는 단순히
재미있는 취미라서가 아닙니다. 마냥 경험이 중요하다는 추상적
인 이유 때문도 아니죠. 제가 전하고자 하는 감정에서 관객이 빠
져나오지 않게 하기 위해 배우는 거예요. 영화는 기본적으로 눈
을 통해 보는 겁니다. 영상 자체가 후진데 그 안에 의미를 찾아
줄 사람들이 얼마나 있겠어요. 우리가 많은 걸 공부하고 경험해
야 하는 이유도 같아요. 내가 하려는 이야기에 방해받지 않기 위
해서죠. 그 이상은 없습니다.

영화 「미스터 고」라고 아시나요? 쉽게 말해 고릴라가 야구하
는 내용인데 흥행에 성공한 영화는 아니라 아마 잘 모르실 겁니
다. 비록 흥행에서는 참패했지만 제게는 꽤 중요한 영화입니다.
실패에서 배울 게 있었다 같은 이야기가 아닙니다. 「미스터 고」
에서 경험하고 실험한 VFX가 없었다면 「신과 함께」는 절대 나올
수 없었기 때문이죠.

경험이란 그런 겁니다. 내가 거기서 배운 것을 놓치지 않고 있다면 어떤 식으로든 내 삶에서 발현이 되곤 하죠. 물론 앞으로 나에게 도움이 될 만한 경험을 미리 알고 있다면 좋을 테지만, 그건 불가능에 가깝습니다. 그게 우리가 최대한 많이 경험하고 최대한 많이 배워야 하는 이유죠. 무의미한 경험은 없습니다. 우리가 놓치지 않는다면 아주 작은 것에서도 배울 게 있어요. 그러니 많이 경험하고 많이 배우세요. 그게 우리가 말하는 "많이 경험하라"의 진짜 의미입니다.

행운을 맞이하는 방법

돌이켜보면 제 꿈은 영화감독이 되는 것이 아니었습니다. '잘하는' 영화감독이 되는 것이었죠. 요즘 세상에 원한다면 누구든 영화감독이 될 수 있습니다. 가수가 될 수도 있고 작가가 될 수도 있고, 배우가 될 수도 있죠. 하지만 우리가 원하는 것은 단순히 어떤 타이틀을 갖는 게 아니죠. 좋은 음악, 책, 연기. 어떤 방식으로든 많은 사람들에게 내 콘텐츠를 보여주고 인정받는 것이 우리의 목표죠.

저는 컴퓨터 그래픽 회사를 운영하고 있어
요. 그러다 보니 상대적으로 사운드나 VFX,
음향 등에 굉장히 관심이 많은 편이에요. 대
체 저는 왜 그런 기술적인 부분에 심취해 있
을까요? 제가 말하고자 하는 감정에서 관객
이 빠져나오지 않길 바라기 때문이에요. 영
화는 눈으로 보고 귀로 듣는 장르의 예술입
니다. 두 시간짜리 영화 안에 제가 원하는
감정을 전달하는 게 목적이지요. 그런데 보
이는 장치, 들리는 장치가 감정을 방해하면
안 되잖아요. 그래서 제가 공부를 하는 겁니
다. 내가 하려는 얘기에 방해받지 않기 위해
서. 어떻게 더 감정을 잘 전달할 수 있을까,
위로를 줄 수 있을까 고민하는 거죠. 그 이
상은 없습니다.

하지만 안타깝게도 이제 막 꿈을 정한 시기에 잘하기란 거의 불가능에 가깝습니다. 왜냐면 모르니까요. 잘하는 게 뭔지, 잘하려면 뭘 어떻게 해야 할지. 천부적인 재능을 타고나는 사람도 있겠지만, 그 역시 극소수에 불과합니다. 내가 천재일지도 모른다는 마음을 품고 있다면 하루빨리 접으세요. 오히려 그 마음이 꿈을 더 빨리 포기하게 만들 테니까요. 그렇다면 무엇을 해야 할까요? 기다려야 해요. 무엇을? 바로 운을 말이죠.

생각보다 세상의 많은 일들이 운에 의해 작동합니다. 제가 「미녀는 괴로워」라는 영화를 만난 것도 운이었죠. 「미녀는 괴로워」에 나오는 이야기는 실화입니다. 그 이야기를 들은 것은 일본의 어느 술집이었어요. 객석에 앉아서 무대를 구경하고 있는데, 음향 시스템 맞추려고 무대에 올라온 어느 여자분이 노래를 너무 잘하시더라고요. 그래서 실례를 무릅쓰고 무작정 불러다가 물어봤습니다. 어떤 일을 하시냐고. 아무런 이유가 없어요. 단지 시간이 좀 남았고, 그분의 인생도 궁금했을 뿐이에요. 이후에 많은 영화들 역시 철저한 기획보다는 뜻밖의 운에 의해 시작됐습니다. 어쩌면 제가 가진 재능이란 게 이런 운을 많이 만나는 것일지도 모를 만큼.

체력에 대한 중요성을 이야기하고 싶은 이유도 그것 때문입니다. 오래 버텨야 운도 많이 만날 수 있습니다. 육체적인 체력도 물론 필요합니다. 하지만 그것보다 더 중요한 것은 정신적인 체력이에요. 기본적으로 무언가를 만들어서 보여주는 사람들은 타인의 반응을 먹고 삽니다. 내가 만든 이야기에 감동받는 사람을 보며 크게 행복해하지만 반대로 비난에 상당히 취약하죠. 영화를 시작한 지 30년이 넘었지만, 아직도 한 테이크 한 테이크 넘어가는 게 무서운 이유입니다.

음악이든 미술이든 영화든 창작을 하는 사람이라면, 아니 어떤 일이든 목표를 향해 뛰고 있는 사람이라면 아마 인정보다는 비난을 더 많이 만나게 될 겁니다. 수많은 칭찬 속에 자리한 날선 비난 하나 때문에 하루 종일 우울한 날도 많을 테죠. 그 많은 순간들을 버텨내기 위해 우리가 가장 먼저 해야 할 일은 나를 학대하지 않는 겁니다. 가혹해야 한다는 이유로, 안주하면 안 된다는 이유로 나를 비난하는 일은 집어치워야 해요. 우리는 남에게 인정받고 싶어 하는 만큼 나에게도 인정받고 싶어 하기 때문입니다.

제가 어렸을 땐 주변에서 랩을 한다고 하면 다들 미친놈으로 봤습니다. "야, 한국어 자체가 랩을 할 수 있는 언어가 아니야"라고 비난하면서 그 사람들을 모두 바보 취급했죠. 하지만 지금 보세요. 말도 안 된다고 했던 그 상황이 꿈처럼 일어나고 있습니다. 우리 삶도 비슷합니다. 더디고 뒤처진 것처럼 보일 수 있지만 언제 무슨 일이 일어날지 아무도 몰라요. 그렇기에 마지막으로 이 말을 하고 싶네요. 당신이 기다린다면 결국 운은 찾아옵니다. 스무 살, 생선 장사에 전전긍긍했던 저에게 그랬던 것처럼.

결과적으로 감독이 되는 건 그렇게 중요하지가 않아요. 잘하는 게 중요하죠. 그런데 과연 잘하는 게 쉬울까요? 저는 불가능에 가깝다고 봐요. 안 잡힐 거예요, 잘. 뭐가 뭔지도 모르겠고 두렵고. 재능은 두 번째 문제예요. 부딪히다 보면 재능은 생겨요.

그보다는 단순히 앞으로 누릴 것 때문에 내가 이 일을 맹목적으로 원하는 건지, 고통스러워도 즐길 만한 가치라고 생각하고 있는지에 대해 진지하게 질문해보세요. 또 하나, 체력이 좋아야 해요. 세상의 많은 일들이 운에 의해 작동해요. 그때까지 체력이 필요하죠. 육체적인 체력 말고 정신적인 체력. 운은 어디서 맞을지 몰라요. 그렇기 때문에 필드에 딱 붙어서 운이 올 때까지 열심히 버텨야 해요.

불행히도 창작을
시작해버린 이들에게

———

봉
준
호

우물 안
청개구리

"제대로 박살나 보면 정신 차릴 거야." 때는 2000년, 제 첫 영화 개봉을 앞두고 이런 얘기를 한 사람이 있습니다. 놀랍게도 이 말의 주인공은 개봉할 영화의 제작사 대표님이셨어요. 이분도 참 재밌는 게, 영화에 일절 터치를 안 해요. 말리지도 않아요. 완성된 영화를 보고 나서 살인 예고하듯 알려만 줍니다. "사람들이 좋아할 거라는 기대는 하지 마." 그래도 본인이 제작을 맡은 영화인데, 이보다 더 '쿨'할 수 있을까요? 그렇게 저의 첫 장편영화 「플란다스의 개」는 기대 없이 개봉했고, 그 기대를 훨씬 뛰어넘을 만큼 처참하게 망해버리고 맙니다. 신랄한 혹평을 받고 싶다고 생각한 건 처음이었어요. 무관심과 미지근한 악평. 제게는 절대 잊을 수 없는 강렬한 기억이죠.

「플란다스의 개」는 제 안의 청개구리 심리가 완전히 발동된 영화였어요. 저도 첫 상업영화라는 주제를 앞두고 고민했습니다. '도대체 상업영화가 뭘까? 상업영화에는 무슨 장면이 들어가야 하는 거지?' 소위 상업영화라면 공통적으로 들어가야 하는 주제와 장면이 뭔지 생각해봤어요. 그런데 고민을 거듭할수록 드는 생각은 이것밖에 없더라고요. '질린다.' 그때부터 청개구리처럼 반대의 것들만 찾아다녔어요. 누군가가 인디영화에나 나올 법한 장면이라고 생각할 것들을 악착같이 집어넣기 시작한 거죠. 무말랭이가 중요한 반전의 요소가 된다거나, 아름다운 풍경이 아니라 퀴퀴한 지하실이 영화의 주배경이 된다거나, 두루마리 휴지를 100미터 굴리는 조잡한 장면 같은 것들. "야, 이게 상업영화거리냐?" 그런 얘기를 들을 때면 속으로 쾌재를 불렀죠. '아 제작 의도를 알아주시는 분이구나, 영광입니다.'

  결국 제가 우물 안 청개구리였다는 걸 깨달은 순간은 극장에서 상영하는 「플란다스의 개」를 보러 갔을 때였습니다. 원하던 풍자와 조잡한 디테일들은 영화 속에서 살아 있었어요. 그런데 작업할 땐 미처 발견하지 못했던 개연성 없이 툭툭 끊기는 장면들이 두 시간 동안 눈앞에서 펼쳐졌어요. 끔찍하더라고요. 크레디트를 끝까지 못 보고 영화관에서 뛰쳐나와 생각했어요. '정말 말도 안 되는 걸 만들어버렸다.' 큰일 난 거죠. 하고 싶은 걸 만들었는데, 내 눈에도 이상했으니까요. 앞으로 무얼 만들어야 할지 길을 잃어버린 듯한 기분이 들었습니다.

그렇게 막막한 시간을 보내고 있을 당시에 선배 감독님이 다가와서 말해주셨어요. "내가 봉 감독 영화를 보니까 스릴러, 범죄 영화 같은 걸 하면 잘할 것 같아. 그쪽으로 가보는 건 어때?" "정말요? 제가 잘할 수 있을까요?"라고 대답하면서도, 어느새 머릿속으로 다음 영화를 그려보고 있더라고요. 그리고 다음 영화를 준비하면서 깨달았어요. 박살나 보면 정신을 차릴 거라던 제작사 대표님의 말은 딱 절반만 맞았다는 걸.

박살은 제대로 났는데, 제가 정신을 차리진 못했더라고요. 또 「플란다스의 개」를 만들 때랑 똑같이 생각해요. '도대체 범죄물이라는 게 뭘까? 범죄물에는 무슨 장면이 들어가야 하는 거지? 아…… 미국의 범죄물을 따라 하긴 싫은데, 카리스마 넘치는 멋진 형사 대신 허술하고 인간적인 형사가 나오면 어떨까. 이번엔 실제 일어났던 사건을 바탕으로 재구성해볼까? 그리고 제목은 이거면 어떨까. 살인의 추억.'

"상업 영화감독으로서의 변신이 요구된다"라는 평을 들은 지

20년이 지났습니다. 그런데 저는 하나도 변하지 않았어요. 여전히 무말랭이에 집착하고, 퀴퀴한 지하실을 배경으로 쓰고, 조잡한 유머에 온 힘을 쏟는 감독이에요. 변한 게 하나 있다면, 상업영화 같은 것 좀 찍어보라는 이야기에 더 이상 휘둘리지 않는다는 거죠. 「플란다스의 개」의 실패를 겪으며 생각했어요. 사람들은 내 스타일을 싫어한다고. 그런데 지금 돌이켜보면 제가 제 스타일을 표현하는 데 미숙했던 것 같아요. 첫 작품의 한계이기도 하고요. 그러나 이후 「살인의 추억」, 「괴물」, 「마더」, 「설국열차」, 「기생충」 등의 영화를 거치며 변화가 아니라 진화하도록 노력했어요. 그제서야 이런 평가가 나오더라고요. '장르 파괴자'라고.

지금 이 시간도 상업영화와 인디영화 사이에서 고민하고 있을 예비 감독님들에게, 그리고 돈과 취향 사이에서 갈등하고 있는 모든 창작자들에게 조심스럽게 이야기해봅니다. 둘 중 뭘 선택할지에 앞서 내가 조금 더 하고 싶은 작업을 사람들에게 정확히 표현하는 시간을 가져보라고요. 타인에 이끌려 하는 선택은 반드시 후회를 낳습니다. 성향이라는 게 쉽게 바뀌지 않더라고요. 우물 안 청개구리는 밖에 나가서도 어쩔 수 없는 청개구리인 것처럼.

영화를 만드는 사람들, 창작을 하고 싶은 사람들은 자신들이 하고 싶은 것을 하지 않으면 갈증을 느끼는 이들이에요. 지금은 조금 더 자신이 할 수 있는 이야기에 집중했으면 합니다. 그리고 정말 내가 하고 싶은 걸 다 표현했을 때, 거기서도 안 된다면 그때 다시 고민해도 늦지 않아요. 지금은 자신이 하고 싶은 이야기를 자신이 하고 싶은 방식으로 표현하세요. 이런 제 얘기를 통해 단 한 명이라도 흔들리던 마음을 잡고 다시 밀어붙이는 계기가 된다면 정말 뿌듯할 것 같습니다.

영화를 만드는 사람들에게 궁극의 공포란 과연 내게 재능이 있는지 없는지 의심이 드는 때일 것입니다. 어떤 핑계도 댈 수 없는 잔혹한 순간과 맞닥뜨리는 것이죠. 하지만 궁극의 공포란 영원히 해소되지 않아요. 평생 짊어지고 갈 수밖에 없죠. 힘들겠지만 자신에게 최면을 걸면서 계속 앞으로 나아가야만 합니다.

거리
두기

'봉준호 영화에는 이게 꼭 나온다.' 제 영화 속 시그니처라고 불리는 장면이 있습니다.

「플란다스의 개」의 관객 수가 9만 8000명 정도였어요. 흥행에 처참히 실패했죠. 심지어 당시 제작사 대표님께서는 이미 예고를 하셨어요. "봉 감독! 한 번 박살나 보면 정신 차릴 수 있을 거야."

소위 말하는 상업영화를 해야 된다는 공포감이 있었는데, 그게 제 안의 청개구리 심리를 발동시켰던 것 같아요. "이런 게 무슨 상업영화 거리야?"라고 할 만한 이야기들을 점점 더 하게 되는 거예요. 조잡하면서도 말도 안 되는 유머 디테일들을 악착같이 막 넣었어요. 어떻게 보면 약간 어린애 같은 유치한 마인드가 발동했던 것 같기도 해요.

그 이후에 어느 선배가 "봉 감독은 범죄물같이 어두운 거 하면 되게 잘할 거 같아"라고 조언해주셨어요. 그때 '그래, 본격적인 범죄영화를 해보자' 싶었죠. 그러다가 화성 연쇄살인에까지 도달했던 거예요. 「살인의 추억」을 찍을 때는 비뚤어진 생각들이 좀 적었어요. 내 욕심을 채우는 대신 사건 자체에 충실해보자 싶었죠.

저는 그동안 제 자신을 만족시키려고 노력해온 것 같아요. 내가 어떤 목표를 정했을 때, 그 타깃에 정확히 적중한다면 좋겠지만 사실 그게 쉽지 않은 일이잖아요. 아주 정교한 상업적 계산을 통해 만들어지는 많은 영화들도 흥행에 실패하는 것을 보면 저는 큰 차이는 없다고 생각해요. 어떤 관객이 어떤 영화를 좋아할지 어떻게 알겠어요. 그럴 바엔 소신껏 하는 게 나은 거죠.

가장 중요한 순간에 주인공이 소위 '삑사리'를 내는 장면인데요. 대표적으로는 영화 「괴물」에서 박해일 배우가 괴물에게 화염병을 던지는 순간에, 화염병이 손에서 미끄러져버리는 장면일 겁니다. 어디선가 '삑사리의 미학'이라는 멋진 이름을 붙여주셨는데, 사실 극장에서 그 장면을 볼 때 대부분의 관객은 짜증을 내시더라고요. 심지어 어떤 분은 크게 소리도 지르셨어요. "아니, 저기서 실수를 하는 사람이 어딨어?" 하고요.

때는 약 30년 전으로 거슬러 올라갑니다. 1990년 6월 배우 박해일이 아닌, 대학교 3학년생인 봉준호가 집회 현장에 화염병을 들고 서 있었죠. 중요한 순간이었어요. 다들 저를 쳐다보고 있었고. 크게 팔을 휘둘러서 화염병을 던지려는데, 어? 화염병이 안 날아가는 거예요. 팔을 뻗는 순간 물웅덩이에 미끄러져서 넘어졌거든요. 왜 하필 그날 오전 비가 왔는지, 왜 나는 발을 헛디뎠는지, 제대로 파악해볼 시간도 없이 바로 연행됐죠. 이 사건은 오늘날까지 동기들의 안줏거리이자, 영화 「괴물」의 아주 강렬한 신scene이 됩니다. 있더라고요. 거기서 실수하는 사람.

제 경험이 영화 속에 들어간 것은 「괴물」뿐만이 아닙니다. 마찬가지로 대학생 때였어요. 친구들과 오대산 여행을 갔는데 입구 주차장에 세워진 고속버스 중 한 대가 멀쩡한 땅 위에서 막 흔들리는 거예요. 지나가면서 보니까 고속버스에 탄 어머님들이 주차장에서 안 내리고 그 안에서 계속 춤을 추고 계신 거죠. 산에 도착을 했으니 올라가야 되는데 바깥 풍경보다 지금 이 순간 춤추는 게 더 좋은 거예요. 제가 그 옆을 지나가는데 흥이 피크에 달해서 주차된 버스가 출렁출렁 흔들리더라고요. 그 장면이 초현실적이면서도 '도대체 이게 뭐지? 아름다운 산과 자연이 바로 앞에 펼쳐져 있는데, 왜 굳이 여기까지 와서 춤을 추고 계신 거지?'라는 의문이 들었어요. 정말 솔직하게 말하면, 그걸 봤을 때 조금 추하다고 생각했어요.

그 장면은 오랜 시간 마음에 남았어요. 그리고 제가 자연스럽게 나이가 들면서, 그리고 아이를 낳고 기르면서 점점 그날 어머님들의 마음이 이해가 가기 시작했어요. 고속버스 여행이 그분들에게 어떤 의미이며, 어떻게 시간을 내서 어떤 형편에 가셨는지, 왜 1분 1초도 아껴가며 즐기셔야 했는지 같은 것들. 여행이 끝나면 다시 각자의 녹록하지 않은 일상으로 돌아가야 된다는 것까지. 젊은 시절 추하다고 생각했던 경험이 조금 다르게 느껴진 거죠. 결국 저는 마흔 살이 되었을 때 영화 「마더」의 엔딩 장면에 그 고속버스 신을 넣게 됩니다. 아직도 기억이 나요. 20여년간 머릿속에 맴돌던 라스트신을 김혜자 선생님과 함께 완성했을 때의 개운함이. 출렁거리는 고속버스를 찍으면서 계속 생각했죠. "드디어 찍었구나, 이거를."

제게는 영화라는 게 아주 인상 깊었던 이미지를 오랜 시간에 거쳐 빼내는 작업 같아요. 제 영화에 등장하는 수많은 장면들이 그렇게 탄생했고요. 그럴 수밖에 없었던 환경 탓도 있었을 거예요. 대학 시절 찍고 싶은 게 생겼을 때 제가 가장 먼저 해야 했던 건 도넛 가게에 가는 일이었어요. 그리고 그곳에서 6개월 동안 도넛을 팔아 그 돈으로 카메라를 마련했죠. 혼자서 생각할 시간도 굉장히 많았던 게, 어렸을 때부터 친구가 별로 없었거든요. 이렇게 자의로든 타의로든, 한 번 인상 깊은 이미지를 마주하면 그것에 대해 계속 고민할 수 있는 환경이 만들어져 있었던 것 같아요. 대학 시절 우연히 본 오대산의 고속버스, 중학생 때 낙서를 하며 상상했던 한강 속의 괴물, 어린 시절 지하실에 들어가서 놀던 추억들까지. 그 이미지를 마주하고 바로 작품으로 꺼내놓을 수 있던 건 하나도 없었어요. 모두 아주 오랜 시간 동안 마음속에 담아두고 고민하다가 결정적인 순간에 탁 하고 꺼낸 거죠.

이미지로 가득한 세상에서
우리가 해야 할 일

요즘은 누구나 카메라를 손에 들고 다니는 시대예요. 휴대전화 속 카메라 성능이 놀라우리만큼 발달했으니까요. 그러나 여전히 무언가 찍어내는 일을 어려워하죠. 찍고 싶지만 찍을 게 없다는 분도 있고, 대체 뭘 찍어야 할지 모르겠다는 분들도 계세요. 제 생각엔 찍을 소재가 부족한 게 아니라 내가 담으려고 하는 이미지에 대한 고민이 모자란 것 같아요. 고민 상담할 때를 떠올려 보세요. 오랜 시간 충분히 생각해보고 꺼낸 고민과 그 자리에서 바로 꺼낸 고민은 깊이가 다르거든요. 듣는 사람도 알 수 있어요. 상담자의 진심이 어느 정도냐에 따라 태도를 달리하게 되는 거죠. '아, 진짜 진지하게 고민하고 나서 꺼낸 말이구나'를 느끼면 조금 더 열심히 들어주게 돼요. 말하는 당사자도 내가 어떤 상황인지, 어떤 것에 괴로움을 느끼고 있는지 조금 더 잘 표현해낼 수 있고요.

저는 지금 시대를 이미지의 포화 상태라고 생각합니다. 소재와 이미지는 사실 과할 정도로 넘쳐요. 어떤 의미를 부여하는지가 더 중요하죠.

대학교 때 아주 열심히 아르바이트를 해서
비디오카메라를 샀어요. 얼마나 좋았던지
그걸 안고 잤던 기억이 나요. 요즘은 누구
나 손에 카메라를 들고 다니고 애플리케이
션으로 손쉽게 편집할 수 있잖아요. 이미지
가 범람하고 있는 시대죠.

저희 아들이 20대 초반인데 중고등학교 시절 친구들하고 만든 동영상을 보니까 꽤 그럴 듯하더라고요. 편집도 수준급이고요. 저희 아들이 그런 기술을 배웠냐 하면 그것도 아니거든요. 동영상과 친숙하게 지내다 보니 쉽게 만들고 잘 다룰 수 있게 된 것이지요. 제 생각에는 이런 환경이 오히려 자신이 만든 영상의 특별함이나 의미 등을 지나치게 만드는 것 같아요. 오히려 이미지로부터 일정 거리를 두고 볼 수 있는 사람들이 더 강력하고 독특한 분위기를 풍기는 창작자가 될 수 있지 않을까 싶어요.

감정이라는 게 사실 굉장히 복잡하잖아요. 되게 즐겁고 기쁜 순간인데 남몰래 우울함이 엄습하기도 하고, 또 비통한 현장이나 장례식장인데 혼자 웃음을 참을 수 없는 지경이 되기도 하고. 그런 순간들이 제가 좋아하는 이미지 같아요. 그런 이미지를 보면 저도 모르게 심장이 쿵쾅거리고 피가 온몸에 도는 느낌이 들어요. 제 내면에는 어색한 조합, 불편해질 수도 있는 뒤섞임 자체를 즐기는 유전자가 숨어 있는 거죠. 일상 생활 중에 제가 원하는 그런 이미지를 마주하게 되면 충분히 거리를 두었다가 영화를 통해 빼내는 것, 그게 제가 하는 일이라고 생각합니다.

그렇기 때문에 날것의 이미지를 좇기보다는 이미지에 새로움을 부여할 수 있는 사람이 더 창의적인 결과물을 만들어낼 수 있지 않을까 생각합니다.

너무
좋아하기 때문에

글을 쓰는 학생들이 모여 있는 어느 강연에 갔다가 이런 질문을 받은 적이 있습니다. "시나리오를 쓰는 게 너무 어려운데 어떻게 해야 하나요?" 아마도 좋은 팁을 얻길 기대하셨겠지만 그날의 제 대답은 이랬어요. "저도 어려워요. 아직도 시나리오를 써야 하는 첫날 책상에 앉으면 키보드를 부수고 싶어요."

정말입니다. 지금도 어려워요. 이후 한 6개월간 펼쳐질 고통에 대해 너무 잘 아는데 그걸 첫 페이지부터 다시 시작해야 되니까 미치고 펄쩍 뛸 노릇이죠. 영화 「아바타」에 나오는 것처럼 촉수에 연결된 어떤 작가가 있어서 잠자는 동안 대신 완성해주면 얼마나 좋을까라는 상상까지 합니다. 물론 그런 사람은 아직 못 찾았고, 아마 평생 못 찾을 테지요. 결국 내가 스스로 하는 방법밖에 없으니 포기하고 쓰지만 너무나 괴로운 거죠.

몇십 번을 자책하고 몇백 번 마음을 다잡아 우여곡절 끝에 시나리오를 완성합니다. 그리고 촬영에 들어가면 의자에 앉아서 컷만 외쳐도 순탄하게 흘러갈 줄 알았는데, 그 이후엔 더더욱 정신적, 육체적으로 힘들어져요. 한 작품을 할 때마다 신경이 칼날 위를 걷듯이 곤두선 상태에서 1년을 넘게 작업합니다. 그날 강연에서도 이렇게 똑같이 얘기했어요. 그리고 이 말을 덧붙였습니다. "그렇지만 학생도 그 모든 걸 감수하고 어쨌든 계속 글을 써보려고 노력하고 있잖아요. 얼마나 이 일을 좋아하는 거겠어요. 이미 창작을 선택한 이상, 평범한 인생을 살기는 글렀다고 보면 돼요. 이왕 이렇게 됐으니까 저랑 같이 계속 이 일을 하는 수밖에 없습니다."

제가 예전에 생각해봤어요. '너무 힘든데, 처음부터 영화감독 하지 말걸 그랬나.' 「플란다스의 개」를 만들었을 때도 너무 절망적인 시간들을 보냈고, 「괴물」의 투자가 엎어졌을 땐 진심으로 죽고 싶다고 생각했어요. 매번 시나리오를 쓰는 순간은 너무 괴롭고, 대체 이게 사람이 할 일인가 싶다 보니 저절로 든 생각인 거죠. '그냥 다른 거 할걸 그랬나' 하고. 그럼 감독이 안 됐으면 뭐가 됐을까를 생각해봤어요. 감독이 되기 전 사실 계속 꿈꾸던 직업이 있거든요. '만화가.' 결국 답은 정해져 있었던 거죠. 뭐가 되었든 창작을 하는 것. 값이 딱 떨어지는 일을 하면서 하루를 보내는 제 모습은 상상이 잘 안 돼요. 나는 창작을 해야 하는 운명인가 싶어요.

저는 아직도 안갯속을 헤매고 있는 사람입니다. 며칠 전까지도 촬영장에서 헤맸어요. "어떻게 찍어야 되지? 왜 내가 대사를 이렇게 썼지? 왜 카메라를 저쪽에다 달라 그랬지?"라고 고민하면서 수차례 버벅거렸어요. 혹시라도 이 책을 읽는 여러분 중 창작자의 길을 걷고 싶은 분이 있다면 저는 이렇게 말하고 싶네요. 불행히도 창작을 시작해버린 여러분, 창작자 선배로서 희망을 드리지 못해 미안합니다. 그런데 어쩔 수 없는 게, 우리는 100만큼의 시간을 투자해도 0이라는 결과가 나올 수 있는 끔찍한 효율의 직업을 선택했어요. 그러나 제가 꼭 말해주고 싶은 건 지금까지 그걸 몰랐을 리도 없는데 도망가지 않고 이 일을 붙잡고 있다면 당신은 이 일을 정말 좋아하고 있는 거예요. 그렇잖아요. 100번도 넘게 때려치울 만한 일인데, 아직까지 때려치우지 못했다면 이유는 한 가지겠죠. 너무 좋아하기 때문에.

아예 희망이 없는 건 아니에요. 창작을 계속하다 보면 분명 마약 같은 순간들이 있어요. 만들고자 했던 것을 결국 완성해냈을 때의 쾌감. 저로 예를 들면 「괴물」에서 괴물이 처음 등장하는 장면. 아수라장이 되고 굴러떨어지고, 처음 사람을 공격하던 그 순간. 정말 오랫동안 준비를 거쳐서 완성한 장면인데 그 장면을 봤을 때의 전율을 저는 아직도 잊지 못해요.

글쓰기도 그렇고 영화 제작도 그렇고, 인생사 모든 일이 살아갈수록 어려우면 어렵지 쉬워지진 않을 겁니다. 아는 것도 많아지고 신경 써야 할 남들 눈도 많아지고요. 이렇게 저렇게 휘둘릴 일이 지금보다 훨씬 더 늘 거예요. 그러나 어떤 일이든 자기가 좋아하고 매달리고 싶은 일에 몰두하다 보면 분명 마약 같은 순간이 찾아올 것이라는 점 하나는 자신 있게 말씀드릴 수 있습니다. 만약 이 글을 읽는 분들 중 저와 같은 꿈을 꾸고 계시는 분이 있다면 부디 포기하지 않고 계속하셨으면 좋겠습니다. 저랑 같이 이 길의 끝에서 만날 수 있도록요.

추운 겨울 야외에서 꼼짝없이 앉아 촬영하
다 보면 발가락 끝이 서서히 얼어오기 시작
하면서 '영화를 언제까지 할 수 있을까, 해
야 될까' 또는 '다음 시나리오는 두 시간 전
체가 실내에서만 벌어지는 일을 써야지' 같
은 조잡한 생각을 하기도 합니다. 육체적으
로도 정신적으로도 많이 힘든 직업입니다.
칼날 위를 걷듯이 신경이 곤두선 상태에서
1년을 보내기도 해요.

그렇지만 또 마약 같은 순간들이 있죠. 아직
완벽하게 마음에 드는 영화를 만들어본 적
은 없는데 대신 마음에 드는 장면을 찍은 적
은 있어요, 군데군데. 그럴 때 느끼는 쾌감
때문에 어쩔 수 없이 이 일을 계속하게 되는
것이 아닌가 싶어요.

언젠가 김연아 씨의 인터뷰를 본 적이 있어요.
"만족스러운 연기를 했다"라는 얘길 하고 가시
더라고요. 그 인터뷰를 보고 존경을 보내고 싶
었죠. 어떤 일에 도전해본 사람들은 알겠지만
정말 쉽게 나오는 말이 아니거든요. 그 장면을
보면서 부럽더라고요. "이번 작품은 마음에 든
다. 내가 봐도 좋다"라는 말을 할 수 있는 날이
제게도 올 수 있을지 모르겠습니다. 하지만 그
런 날을 기다리고 있습니다.

당신의 열정을 정의할
한 문장을 만드세요

이명세

깨지지 않는 그릇,
체력

영화 「스팅」의 감독 조지 로이 힐은 후배 감독 스티븐 스필버그에게 이렇게 충고했다고 합니다. "이봐, 건강이 최고야." 물론 정확히 이 문장으로 말한 것은 아니겠지만 요점은 같습니다. 감독에게 있어 가장 중요한 것은 건강, 달리 말해 체력이라고요. 실제로 조지 로이 힐 감독은 현장에 나가기 6개월 전부터 체육관에서 살다시피 했습니다. 영화 촬영이란 것이 얼마나 많은 체력과 정신력을 요하는지 누구보다 잘 알고 있었고, 촬영이 시작된 이후에는 운동을 병행할 수 없었으니까요. 때문에 그는 촬영 시작 전 일정 시간을 두고 꼭 체력을 기른 뒤, 촬영에 임했습니다. 그리고 이 루틴을 후배 감독인 스티븐 스필버그가 지금도 이어오고 있죠.

어릴 때 어른들이 해준 말도 항상 같았습니다. "건강이 제일

중요하다. 시간 없더라도 운동 꼬박꼬박 해라." 그리고 저는 그
와 딱 정반대의 인간이었죠. 운동은 끔찍이 싫어했고 담배를 즐
겼습니다. 한번은 군대에서 군장을 메고 뛰는데, 하늘이 노래집
니다. 금방이라도 쓰러질 것 같아요. 그때 유일하게 저를 버티
게 해준 사람이 스필버그였습니다. '그래, 그 스필버그도 운동한
다는데.'

그렇게 시간은 흘러, 어느덧 제 첫 영화가 개봉하는 시기가 왔
습니다. 1988년, 제목은 「개그맨」. 그때는 한 영화가 5일 정도 상
영되면 그 영화 간판을 내리고 새로 개봉할 영화로 간판을 교체
해줬습니다. 내가 만든 영화의 간판이 걸릴 상징적인 순간을 숨
죽여 지켜보고 있는데, 웬 다른 영화가 올라가더라고요. 영화 제
목은 「다이 하드Die Hard」. 이름 따라간다는 말이 있습니다. 「다이
하드」가 그랬어요. 정말 징하게 안 죽더라고요. 그렇게 한 번, 두
번, 세 번 밀리다 보니 한 해가 지나갔고 제 첫 영화는 이듬해가
되어서야 개봉할 수 있게 되었습니다. 그것도 원래 개봉하기로
한 영화가 펑크 나는 바람에 대신 들어가게 된 자리였죠. 그렇게
해서 제 영화 「개그맨」은 1989년 6월 24일 단성사*에서 개봉하

---

* 1907년 6월 4일 서울시 종로구 묘동에 설립된 한국 최초의 상설 영화관.

게 되었고, 소리 소문 없이 내려갔습니다.

평생 영화감독을 꿈꿨고, 실제로 영화감독이 되었습니다. 그런데 비참했습니다. 영화감독이 되는 건 생각보다 어렵지 않았지만 영화감독으로 계속해서 살아남는 건 정말 어렵다는 걸 절감했죠. 좌절한 마음을 안고 연출부와 모여 어두운 종로3가 골목길 뒤에서 소주 한잔 겨우 마시고, 우리 다시 한 번 해보자며 간신히 「나의 사랑 나의 신부」라는 또 하나의 영화를 만들었습니다. 「개그맨」을 개봉했던 단성사의 맞은편 극장에서 개봉을 앞두고 있었죠. 그런데 단성사에 또 새로운 영화 간판이 올라가더군요. 이번에는 「다이 하드 2」. 그놈이 죽지도 않고 또 살아온 겁니다.

개봉 전날, 극장 앞에 돼지머리를 놓고 고사를 지냈습니다. '이번엔 제발 쉽게 죽지만 말자.' 다음 날인 1990년 12월 29일, 아침 8시쯤이었을 겁니다. 전화벨이 요란하게 울려 받아 보니 제작사더군요. 빨리 극장으로 오라고 하더라고요. 가서 보니 유리창이 깨지고 난리가 났습니다. 그 추운 날, 새벽 4시부터 관객들이 제 영화 보겠다고 줄을 서고 있었던 거예요. 나중에야 알게 되었지만 「나의 사랑 나의 신부」는 「다이 하드 2」보다 매진 속도가 빠른 영화가 되었습니다. 그리고 영화의 주인공이었던 배우 최진실은 신드롬을 일으킬 만큼 큰 인기를 끌었고 저는 제작사의 러

브콜을 받는 행복한 감독이 되었죠.

　때마침 '망한' 저의 첫 영화 「개그맨」도 비디오 시장에서 뒤늦게 인기를 끌었습니다. 대한민국 컬트 영화 1호다 해서 마니아들이 생기기 시작한 거죠. 1988년도에 데뷔했던 감독들이 저를 포함해서 장선우 감독, 박광수 감독, 강우석 감독 정도였는데, 우리 네 사람을 세계 영화계 사람들이 이렇게 불렀습니다. '코리아 누벨바그nouvelle vague*, 코리아 뉴 웨이브.' 마침 해외에서도 한국 영화에 대해 관심 가질 때 운 좋게 눈에 띄게 된 것이죠.

　3년 뒤, 심혈을 기울인 작품 「첫사랑」이 개봉했습니다. 이 영화는 지금까지도 종종 회자되곤 합니다. 한국 영화 사상 가장 저주받은 걸작 중 하나. 사람이 이렇게 곤두박질쳐도 되나 싶을 만큼 쪽박을 찼습니다. 당시 영화의 주인공이 배우 김혜수였습니다. 대학생이었던 그녀가 흥행이 안 되니 매일 영화관에 친구들을 데려오더라고요. 다른 건 참을 만했는데, 그걸 보는 게 그렇게 마음이 아팠습니다. 그리고 2년 뒤, 다시 한 번 공들인 끝에 「남

---

*　1950년대 후반에 시작된 프랑스의 영화 운동으로 기존의 영화 작법을 타파하고 즉흥 연출, 장면의 비약적 전개, 대담한 묘사 등의 수법을 시도하였다.

자는 괴로워」라는 영화가 개봉했습니다. 결과는 또다시 흥행 참패. 정말 괴로웠습니다. 지독하게요. 결국 1999년 「인정사정 볼 것 없다」라는 영화를 만들고 나서야 간신히 회복되었습니다. 그 이후의 제 영화 인생은 앞서 말했던 것과 비슷합니다. 2005년 「형사」, 2007년 「M」 등 다시 침전하고 있죠.

많은 선배 감독님들이 제게 이런 얘기를 해주셨습니다. "흥행을 하면 무조건 다음 영화는 찍을 수 있다. 또 흥행을 못해도 좋은 영화를 만들면 언젠가는 영화를 다시 찍을 수 있다. 그러니까 버텨라." 버텨본 놈으로서 감히 이야기해보자면, 그게 가장 어렵습니다. 버티는 것. 그렇기 때문에 조지 로이 힐도 스티븐 스필버그도 체력을 중요하게 생각했던 거겠죠. 버티려면 체력이 있어야 하니까요. 이 체력이란 말은 두 가지로 해석될 수 있어요. 육체적 체력 그리고 경제적 체력. 육체적 체력은 말하지 않아도 알거라 생각합니다. 경제적 체력에 대해 이야기해보자면, 한때는 정말 돈이 없어서 인형에 눈 붙이는 아르바이트도 해봤어요. 저, 우리 어머니, 아내, 전체 가족이 다요. 정말 죽을 것 같을 때 신이 도운 것처럼 「나의 사랑 나의 신부」가 흥행하고 「인정사정 볼 것 없다」가 대박이 났습니다.

육체적 체력이든 경제적 체력이든 체력이 없으면 비굴해질 여러분들에게도 분명히 어느 날, 뛰어들어야 하는 순간이 옵니다. 그때까지 아르바이트를 하든 뭐를 하든 1년, 적어도 몇 달은 버틸 수 있는 체력을 비축해놓아야 해요. 진짜 하고 싶은 일을 하고자 할 때 체력이 약하면 할 수가 없어요. 당장에 먹을 라면 한 봉지가 없어서 찾아오는 비굴의 순간들도 많아요. 그리고 그 순간이 찾아왔을 때 체력이 없으면 무릎 꿇을 수밖에 없어요.

그러니까 술 적당히 마시고 담배 피우지 말고, 운동 꾸준히 하고 저축도 하고. 실질적인 체력을 쌓으세요. 상상력도 물론 중요하지만 체력이 되지 않으면 결국에 쓰러질 수밖에 없습니다.

수밖에 없습니다. 타협하고 굴복할 수밖에 없어요. 사람이 그렇잖아요. 당장 10분 자는 게 가장 소중하고 내일 먹을 라면 한 봉지가 절실한데 예술은 무슨 얼어 죽을 예술이에요. 지나치게 현실적이어서 실망할 수 있지만, 저는 이게 가장 중요하다고 생각합니다. 내가 원하는 걸 하길 위해서는 적어도 6개월 혹은 1년은 버틸 체력이 필요해요.

결국 체력이란 그릇이라고 생각합니다. 내 생각, 내 표현, 내 아이디어, 내 가치관을 담고 있는 그릇. 그 안에 있는 것들을 세상에 보여주고 더 많은 것을 담기 위해서는 그 그릇이 절대 깨져서는 안 되겠죠. 영화 혹은 창작을 계속해서 하고 싶다면 그릇을 단단하게 만드세요. 어쩌면 그게 우리에게 가장 중요한 기본일지 모릅니다.

결핍으로 만드는
상상

많은 선배들이 이런 말을 합니다. "영화란 누구한테 배울 수도 없고 가르칠 수도 없다." 제가 느낀 것도 비슷했어요. 영화감독이라는 큰 꿈을 품고, 서울예술대학 영화과에 입학했는데 오히려 궁금증만 커졌죠. '도대체 영화라는 게 뭐지?'

제가 어린 시절 봤던 영화의 장르는 두 가지로 정해져 있었어요. 호스티스 영화Hostess Movie* 혹은 하이틴 영화. 왜 그랬냐면 그 것밖에 만들 수가 없었습니다. 「영자의 전성시대」, 「꽃순이를 아시나요」, 「눈물의 웨딩드레스」, 「진짜 진짜 잊지 마」, 「○양의 아파트」 등등. 검열로 인해 난도질을 당하거나 그 기준에 맞춘 영화를 내보이거나. 선택권이 둘 중 하나밖에 없었죠. 이 영화들의 작품성이 떨어진다는 이야기를 하고 싶은 게 아니에요. 참고하고 배울 수 있는 영화 자체가 적었다는 이야기를 하고 싶은 겁니다. 지금은 쉽게 볼 수 있는 고전 명작들을 접할 수도 없었던 시대였습니다. 그래서 결국 지금 시대의 사람들은 축복받았다는 이야기를 하고 싶은 거냐. 그건 또 아닙니다.

'왜 보고 싶은 영화를 볼 수 없을까?' 그런 목마름을 채워줬던 것은 시, 소설, 만화였습니다. 제 영화 인생에 굉장히 큰 영향을

---

* 1970년에서 1980년대 주로 생산되던 영화 장르로 사회적 신분이 낮은 여성의 사랑 이야기를 그린 영화.

준 시인과 역사적 인물이 각각 한 명씩 있는데, 먼저 보들레르라는 시인입니다. 보들레르는 젊은 시인들에게 이렇게 조언합니다. "24시간 시를 생각할 것. 화장실에서나 길을 걸을 때나 사랑하는 여자의 품에서나, 술에 취해서나." 이 조언이 그렇게 와닿을 수가 없었습니다. 그때부터 이성 친구를 만날 때 제 모습이나 말투를 보며 카메라의 위치를 생각하고, 술에 취하면 어떤 걸음걸이로 걷는지, 우리 나이대 친구들은 어떤 주제의 이야기를 하는지 삶의 모든 것을 다 영화와 연관지어 생각했습니다. 내가 영화감독이라면 지금 이 순간을 이렇게 표현하지 않을까? 영화를 몇 편 본 적도 없는 놈이 머릿속에서는 이미 영화를 수백 편도 더 찍은 겁니다.

그다음으로 영향을 준 인물은 미야모토 무사시라는 15세기의 검객입니다. 굉장히 만화적인 인생을 산 무사죠. 그런데 이 사람의 검술론이 참 특이해요. '베는 것.' 이거 하나밖에 없습니다. 지금도 그렇겠지만 그 시대 다른 문파들은 자기만의 검법과 가치관을 갖고 있습니다. 이를 테면 칼을 물처럼 부드럽게 휘둘러야 한다, 전광석화로 적이 알아채지도 못하게 단칼에 쓰러뜨려야 한다 등등. 검을 잡고 휘두르는 동작 하나하나에도 각 유파의 가치관을 담아야 합니다. 그걸 보고 미야모토 무사시는 말해요. "아니, 뭐하러? 그냥 베면 되는 거지." 심플합니다. 어떻게든 벤다는 이 심플함 때문에 미야모토 무사시는 다른 사람에게는 없는 강점을 갖게 돼요. 바로 습득력입니다. 좋은 건 다 배우게 되는 것이죠. 문파의 가치관이고 규율이고 그런 건 하나도 상관이 없습니다. 베는 데 도움만 되면 다 가져다 쓰는 거죠. 듣도 보지도 못한 검술. 그런데 이길 수도 없는 검술. 미야모토 무사시는 그런 사람이었습니다.

영화 역시 비슷합니다. 영화에도 수많은 표현법과 이론이 존재하지만 그 목적은 하나예요. 내 메시지로 관객을 설득하는 것. 제 영화를 보신 분은 알겠지만, 좀 난잡합니다. 음악만 해도 어떨 때는 클래식이 나오고 어떨 때는 팝송이나 트로트가 툭 하고 튀어나오고. 흔히 우리가 말하는 영화적 문법이라는 것이 없죠. 만화적 표현, 시적인 표현, 영화적 표현 다 섞여 있습니다. 어쩌면 그래서 사람들이 제 영화를 보며 이렇게 말하는 것일지도 모릅니다. '이명세밖에 만들 수 없는 영화.'

다시 처음의 질문으로 돌아가 보겠습니다. '영화란 도대체 무엇일까? 창작이란 과연 배울 수 있을까?' 만약 이 질문에 대한 대답이 '그렇다'라면 요즘 시대의 작품들은 이전 시대의 작품들보다 월등히 뛰어난 작품성을 가져야 할 겁니다. 그만큼 배울 것들과 참고할 것들이 많아졌으니까요. 물론 어느 정도의 도움이 된다는 건 부정할 수가 없습니다. 그런데 배울 게 많다는 것은 오히려 내 상상력을 제한하기도 해요.

이를 잘 보여주는 예시가 하나 있습니다. 「십계」 혹은 「천지창조」와 같은 영화부터 그림으로 그려진 그리스 로마 신화까지, 묘사된 신들을 보면 대부분 비슷한 특징을 가지고 있습니다. 길게 늘어진 머리카락에 덥수룩한 수염을 가진 백인. 가끔 「그리스도 최후의 유혹」의 마틴 스코세이지 감독처럼 근육질의 예수님을 등장시키거나, 흑인 예수님을 그리는 경우도 있지만 기존의 형태에서 벗어나기란 도통 어려운 게 아닙니다. 벗어나더라도 큰 틀을 바꾸기가 어렵죠. 그래서 저는 이렇게 말하고 싶습니다.

때로는 몰라야 할 수 있는 일도 있습니다. 누군가보다 시작이 늦고, 아는 것이 적다는 것은 분명히 단점처럼 여겨질 테지만, 그래서 우린 더 자유로울 수도 있어요. 제가 제 영화에 만화적인 요소, 시적인 표현을 넣을 수 있었던 이유도 같습니다. 영화의 문법을 알지 못했기 때문이에요. 요즘 시대의 가장 큰 화두는 '내가 누구인가' 입니다. 영화도 같아요. 우리가 원하는 것은 영화를

21세기 이후 끊임없이 이어지는 화두가 뭐냐면 'Who am I(내가 누구인가)?'예요. 소설 『내가 누구인지 말할 수 있는 자는 누구인가』의 제목처럼 나는 누구고 영화란 무엇인가라는 질문에 대한 답을 내가 내려야 해요. 내가 배운 것들을 통한 정의가 아니라, 자기 스스로 내려보는 거죠.

저는 영화를 많이 보지 못했기 때문에 제 영화에 대한 답을 내릴 수 있었어요. '영화는 이래야 해'라고 아는 게 아니라, '영화라면 이렇지 않을까?'라고 상상했던 거죠. 결핍을 통해 자유로워지는 것. 그런 자세가 우리에게 필요한 것 같습니다.

만드는 것이 아니라, 나만의 영화를 만드는 것이겠죠. 내가 가진 결핍을 무작정 다른 사람의 지식으로 채우려 하지 마세요. 스스로 질문하고 스스로 답을 내려보세요. 당신이 가진 부족함, 무지, 결핍이 당신만이 표현할 수 있는 답의 시작이 되어줄지도 모릅니다.

우리 시대의 창작

영화를 비롯한 예술이나 창작을 혼자와의 싸움이라고 표현하는 경우가 많습니다. 사실 어느 정도는 맞는 이야기예요. 어떤 과정이 되었든 한 명의 감독이나 작가의 입 혹은 글에서 시작되니까요. 그런데 현장에 나가 보면 이야기가 달라집니다. 현장에는 수많은 사람들이 모여 일을 합니다. 감독, 조감독, 어시스턴트, 의상팀, 연출팀, 소품팀 등등. 많은 창작이 실은 팀 단위로 이루어져요. 따라서 창작자들에게 가장 요구되는 자질은 협업 능력일지도 모릅니다.

조금 창피한 이야기지만, 저는 세 번째 작품을 마무리할 때까지 촬영이 끝나면 매일같이 울었습니다. 너무 힘들었어요. 사람과 싸우는 게. 제 생각에는 분명 저기서 저 조명을 써야 할 것 같은데 혹은 저 대사의 톤은 조금 더 부드러워야 할 것 같은데 설득이 안 되더라고요. 물론 이해는 합니다. 그 분야에서는 그들이 가장 전문가이니까요. 제가 정작 가장 화가 난 것은 제 자신 때문이었습니다. 감독으로서 가장 중요한 자질인 현장 지휘를 제대로 하지 못했기 때문입니다.

프랑소와 트뤼포 감독의 「아메리카의 밤」이라는 영화를 보면 이런 장면이 나옵니다. 여배우가 어떤 연유에서인지 계속해서 촬영을 접습니다. 아마 스스로 연기가 만족스럽지 않았겠죠. 사실 이런 경우는 정말 허다합니다. 배우가 감정이 잡히지 않아 NG를 내고, 내일로 촬영을 미루고 그 이튿날은 더 잘해야 한다는 부담감 때문에 또 촬영을 망치고. 그때 감독의 머릿속에는 여러 가지 생각이 듭니다. 딜레이되는 촬영 시간, 비용, 쌓여가는 스태프들의 불만 등등. 단순히 배우뿐만이 아닙니다. 조감독, 의상팀, 소품팀 등등 많은 협업 과정에서 예상치 못하는 문제가 계속 발생합니다. 그리고 그 과정에서 가장 중요한 것은 공감하는 겁니다. 그들이 겪고 있는 문제에 대해서.

제가 처음 감독을 하던 시절에는 시간이나 인력이 모두 다 부족했어요. 조감독 한 사람이 미술, 소품, 백그라운드 액션까지 도맡아야 했습니다. 황학동에 가서 물어 물어 소품을 사고, 교회 다니는 선배에게 연락해서 의상 자료 받아 오고. 우격다짐으로 모든 일을 했죠. 그런데 요즘의 작업 환경은 많이 달라졌습니다. 그 분야의 분명한 전문가가 있기에 각자의 영역에서 능력을 발휘하는 식으로 환경이 바뀌었죠. 그렇다 보니 새롭게 생기는 갈등도 있습니다. 모르기 때문입니다. 자기가 맡은 영역 이외의 현실을 말이에요.

감독이 된다는 것은, 내가 이 작업의 총책임자가 된다는 것과 같습니다. 이곳에서 일어나는 모든 문제를 해결해야 하는 사람이죠. 영화감독이 아니라도 비슷합니다. 협업이 필요한 창작이라면 상황은 같아요. 그래서 가끔씩 감독이 되기 위해 필요한 것이 뭐냐라고 묻는 질문에 저는 이렇게 답하기도 합니다. "현장 경험." 현장에서 일어나는 디테일한 경험과 문제들을 아는 것이 우리에게는 필요합니다. 빠르게 원하는 위치에 오르는 것도 중요합니다. 하지만 더 중요한 것은 다양한 팀원을 아우를 수 있는 경험과 무게입니다.

우리에겐 훈련되지 않은 사람과 전쟁을 벌여야 할 때도 찾아옵니다. 칼질 못하는 사람과 한식 대전 나가는 거랑 똑같아요. 결국 그 디테일한 과정과 경험을 감독들도 알아야 돼요. 디테일이란 것이 이 과정을 거치지 않고선 잡아낼 수가 없어요. 알지 못한다면 우리 팀이 어떤 실수를 했고, 어떤 팀이 좋은 팀인지를 볼 수 없잖아요.

심플, 심플,
또 심플

창작을 하다 보면 꼭 만나게 되는 순간이 있습니다. '피칭 Pitching.' 내가 뭘 만들지, 혹은 내가 만든 게 무엇인지 설명하는 시간이죠. 미국에서는 할리우드의 법칙이라고 해서 스물다섯 단어 이내로 피칭을 요구합니다. 내 작품 중에서 가장 매력적이고 핵심적인 메시지를 줄이고 줄이고 또 줄이는 과정이죠. 물론 듣는 상대방이 이해할 수 있을 만큼 명확하고 간결하게.

가장 기억나는 때는 1993년입니다. 당시 「첫사랑」이라는 영화를 기획하고 있었죠. 아시다시피 첫사랑은 영화계에서 상대적으로 많이 등장했던 주제입니다. 그렇기 때문에 조금 다르게 정의할 필요가 있었죠. 스스로 질문을 해봤습니다. 첫사랑은 어떤 색깔일까. 누군가에게는 분홍, 어떤 사람에게는 파랑, 어떤 사람에게는 초록, 또 누군가에는 노랑. 이건 아닌 것 같았습니다. 또 다른 질문을 해봤습니다. 그럼 첫사랑은 어떤 순간일까. 누군가에게는 비밀의 순간일 수도 있겠다. 또 누군가에게는 가장 순수했던 시간일 수도 있겠고. 어쩌면 창피한 과거일 수도 있겠지. 하루, 이틀, 일주일. 그렇게 한참을 고민한 후에 제가 정의한 첫사랑은 이렇습니다. 비밀을 간직한 시간.

　이렇게 정의하는 시간은 굉장히 중요합니다. 어떤 상황이 와도 흔들리지 않는 자신만의 본질이 필요하기 때문입니다. 앞서 말한 것과 같이 상당수의 창작은 협업으로 진행되기에 처음 의도했던 방향과 달라질 수 있는 경우가 왕왕 존재합니다. 우리가 정의했던 한 문장은 그 변화 속에서도 중심을 잡아줄 기둥입니다. 기둥이 무너지면 우리의 작품도 무너질 확률이 높겠죠. 물론 시간 낭비라는 생각이 들 수도 있습니다. 그런데 창작이란 건 허허벌판에서 길을 찾는 일과 같습니다. 내가 정한 분명한 방향이 없다면 어느 곳에도 도착할 수 없어요. 이게 제가 드리는 마지막 이야기입니다. 어떤 작업이 되었든, 어떤 창작이 되었든 자기만의 방향을 만드는 시간을 갖기를 바랍니다.

영화를 시연하기 전 내 영화는 이러이러한
영화입니다라고 말하는 자리가 있습니다.
할리우드 법칙이라고 불리는데, 보통 스물
다섯 단어로 설명하곤 하죠. 생각보다는 쉽
지 않은 일입니다. 누구나 알아듣기 쉽고 명
쾌하게 매력적인 단어만 골라야 하니까요.
그런데 누가 시키지 않아도, 누구에게 말해
야 하지 않아도 그 과정을 스스로 겪어야 한
다고 생각해요. 화가 나고 귀찮고 어렵겠지
만 모두 다 걷어내고 하나의 핵심만 발견될
때까지 기다리는 거죠.

반짝보다는
오랫동안 은은하게

———

이
순
재

딴따라 주제에
예술은 무슨!

"야, 고놈 참 잘생겼는데 배우 해도 되겠다." 요즘이라면 최고의 칭찬이겠지만 이 말이 큰 욕이던 시절이 있었어요. 1950년도. 내가 연기를 처음 시작했을 때. 그 시절 배우에게 따라붙는 말은 이런 거였어요. 굶어 죽기 딱 좋은 직업, 딴따라 놈들. 그러니까 배우 해도 되겠다는 말이 얼마나 흉이겠어요. 원수한테도 그런 말은 안 했죠. '그 시절이 다 그랬지 뭐' 하려다가도 유독 서러웠던 건, 같은 예술계 안에서도 계급이 나뉜다는 점이었어요.

화실에서 촬영이 있던 날이었어요. 사전에 허락도 받았고, 밤까지 촬영이 이어지는데 9시쯤 됐을까. 술이 거하게 취한 남자가 들어오더니 지금 뭐 하냐고 따져요. "영화 찍는 중입니다" 하니까, "왜 딴따라들이 와서 내 화실을 더럽혀!" 이러더라고요. 지금에 와서야 하는 말이지만 그놈 그림도 더럽게 못 그렸어요. 유명하지도 않았고요. 근데 당당하게 어디 예술하시는 공간에 너희 같은 놈들이 침범하냐는 겁니다. 당시엔 인식이 그랬어요. 작가는 예술가야. 화가도 예술가야. 감독도 예술가야. 근데 배우는 딴따라야. 왜? 적어준 말 읊으면서 무슨 예술이냐는 거죠. 배우는 인형이라고들 했어요. 작품에 종속되어 있는 인형. 예술계에서도 인정을 안 해줬죠.

참 서러웠어요. 그런데 문득 이런 생각이 들더라고요. 사람들이 예술로 인정을 안 해줘도, 나는 인정을 해줘야겠다고. 내가 배우도 예술가라고 굳게 믿게 된 두 가지 사건이 있었기 때문이지요. 처음은 대학교 2학년 시절 겨울, 우연히 로렌스 올리비에의 「햄릿」을 보게 된 날이었어요. "To be or not to be, that is the question(죽느냐 사느냐, 그것이 문제로다)." 책에서 너무나도 많이 읽었고 누구나 들어본 말인데, 이 대사를 듣는 순간 소름이 확 끼쳤어요. 올리비에가 읊어재끼는 순간 그 말은 더 이상 내가 알던 말이 아니었어요. 너무 멋있었죠. 그래서 생각했습니다. '아, 저건 예술이다. 딴따라라고 할 수 없는 진정한 예술이다.'

두 번째는 「계엄령」이라는 작품을 공부했을 때였습니다. 노벨상을 탄 알베르 카뮈라는 작가가 자신의 작품을 희곡화한 게

「계엄령」이라는 작품이에요. 그런데 카뮈가 작품에 대해 제일 처음으로 한 말이 이겁니다. "이 작품에는 배우 쟝 루이스 바롤트의 의견이 상당히 첨가되었다." 노벨상 작가가 일개 딴따라의 의견을 듣고 작품을 고쳤다니요. 배우가 정말로 인형일 뿐이라면 그 말을 들을 리가 없잖아요. 그때도 생각했죠. '누가 뭐래도 이제부터 나한테는 예술이다.'

자기만의 정의를 내리는 거, 자기만의 이유를 찾는 거. 누군가는 억지라고 할 수 있는 이유라도 하나를 만들어놓는 것과 아닌 것에는 분명 차이가 있는 것 같아요. 내가 딴따라라고 생각했으면 이렇게 오래 못했을 거예요. 그런데 예술이라고 생각하니까 평생을 하고 있잖아요. 생각의 차이가 엄청나게 다른 결과를 가져오는 거죠. 사람들이 자주 궁금해하더라고요. 어떻게 '야동순재' 같은 캐릭터에 도전할 생각을 했는지. 배우 이미지에 타격을 입을 걱정을 안 해봤냐는 거죠. 그 말을 듣고 내가 대답했어요. "어떻게 하긴 어떻게 해. 연기니까 했지." 난 그거보다 더한 소리도 듣고 산 사람이에요. 버스 안에서 대사를 외우느라 중얼중얼거려서 미친놈 소리, 10년간 연극을 출연해도 출연료 한 번을 못 받는 모자란 놈 소리, 지 밥벌이도 못하는 서울대 나온 한심한 놈 소리를 젊은 시절 내내 들었으니까요.

작가는 예술가야, 화가도 예술가야. 감독도
예술가야. 그런데 배우는 딴따라래요. 시키
는 것만 하면 되는 인형 아니냐는 거죠.

그럼 배우는 창조성이 없느냐. 천만의 말씀
이에요. 그래서 우리가 평가하길 작품보다
못하는 배우, 작품만큼 하는 배우, 작품 이
상으로 하는 배우. 이렇게 나뉘어진다고 해
요. 연기도 바둑처럼 초보서부터 9단까지
있다 이거죠.

내가 대학교 2학년 겨울 때 '아, 이건 예술이다'라고 내 나름의 확신을 가진 게 로렌스 올리비에의 「햄릿」이에요. 'To be or not to be, that is the question(사느냐 죽느냐 그것이 문제로다).' 이 대목을 읊어재끼는데 소름이 쫙 끼치더라고요. '아, 저건 예술이다. 이게 예술이 아니면 대체 뭐겠는가?'

또 하나는 노벨상을 탄 세계적인 문학작가 알베르 카뮈의 희곡 「계엄령」 때문이었어요. 그 작품의 제일 처음을 보면 카뮈가 이 작품에는 쟝 루이스 바롤트의 의견이 상당히 첨가됐다고 해요. 노벨상 작가를 흔들 정도면 당연히 예술가 아니겠냐 생각했죠.

저도 처음엔 "야동이 뭔데? 재밌는 게 많은데 이것까지 해야 되는 거야?" 하면서 연출한테 물어보고 그랬어요. 동창들이 별 연기를 다한다고 욕할 것 같았거든요. 근데 연출이 해보고 싶다더라고요. 뭐, 연기할 수 있는 일인데 안 할 이유가 뭐가 있겠어요. 열심히 했지요.

이제 배우는 연기만 잘하면 인정받는 시대가 왔어요. 그런데 아직도 평가절하를 당하는 수많은 직업이 있어요. 그 사람들은 이 순간에도 듣겠죠. "그걸로 밥 벌어 먹고 살겠냐", "많은 일 중에 왜 하필 그걸 해." 근데 그런 식으로 내 일에 대해 떠들도록 내버려두지 마세요. 괜히 대꾸도 너무 많이 해주지 말고요. 나는 여러분들이 혼자서 스스로의 이유와 정의를 내렸으면 좋겠어요. '백날 떠들어봐라, 내가 꿈쩍하나.' 이렇게 당당한 마음을 품고 여러분만의 이유를 밀어붙였으면 좋겠어요.

여러분의 최선은 무엇입니까

살면서 최선을 다하라는 말을 많이 들어봤을 거예요. 내가 생각했을 때는 대부분의 사람들이 최선을 다해요. 그런데 모두가 최선을 다하는데 이상하게 결과는 달라요. 서로 생각하는 최선의 정도가 다르기 때문이죠.

어떤 배우는 생각할 겁니다. '오늘 촬영, 대사 실수만 하지 말자.' 배우가 대사를 까먹지 않는 건 정말 기본이니까. 그런데 대사 실수 안 하는 게 배우가 할 수 있는 최선일까요? 배우는 작가가 써준 대본을 그대로 읊는 사람이 아니에요. 그리고 연기만큼 창조성을 발휘할 수 있는 분야가 또 어디 있겠어요. 작가는 어떤 대목에서 한 번의 재밌는 요인을 만들어서 넘겨요. 연출가는 그걸 보고 두 번, 세 번의 재밌는 요인을 만들고. 배우는 그걸 다섯 번, 여섯 번으로 만드는 사람인 거죠.

내가 출연했던 「거침없이 하이킥」을 예로 들자면, 이미 주어진 너무 재밌는 대본이 있지만, 배우가 그 대본을 봤을 때 표정과 억양의 영역이라는 새로운 분야가 있는 거죠. 그래서 보다 보면 '여기도 웃길 수 있고, 저기도 웃길 수 있겠는데' 하면서 자기 안의 창의력을 발휘해 아이디어를 내는 거고요. 나중에 찍고 나면 작가가 뛰어와서 말해요. "생각지도 못한 장면에서 너무 좋았어요." 분명 서로 표현할 수 있는 분야가 다르단 말이에요.

내가 정말 멋지다고 생각했던 배우가 있어요. 3년 전 돌아가신 김지영 배우. 아마 얼굴을 보면 누군지 알 거예요. 할머니 역할을 주로 하시던 배우예요. 그분이 중년에 늦깎이 배우 생활을 시작하면서 주어지는 배역이라고는 우물가 아낙네 A, B, C 혹은 잔칫집 아주머니 A, B, C 이런 역할밖에 없었어요. 그마저도 영화관이 아주 없던 시절이고 집집마다 텔레비전이 있는 것도 아니었고요. 동네 사람들은 이 사람이 배우인지도 몰라요.

매일 우물가를 지키던 분이 감독들의 눈에 띄기 시작한 건 사투리를 쓰기 시작하면서였어요. 혼자서 한 번 생각해본 거죠. 대사가 아예 없거나 있더라도 딱 한마디뿐인데 그 순간 어떻게 눈에 띌 것인가. 그러다가 '그 한마디를 아주 맛깔나게 해보자' 하는 생각이 들었고 그날부터 사투리 연기를 치열하게 공부했어요. 그리고 당장 촬영장에서 공부한 것을 선보였어요. 오늘은 전라도 사투리로 던져보고, 내일은 경상도 사투리로 던지는 거죠. 감독들이 봤을 때 얼마나 신기하고 기특하겠어요. 지금까지 잔칫집 아줌마 A부터 Z까지 수없는 연기자를 봤지만, 저런 사람은 처음이겠죠.

돌아가실 때까지 주인공이 될 만한 작품을 하지는 않았으니 사람들이 김지영이라는 이름까지는 많이 기억해주지 못할 거예요. 그런데 이분의 사진을 보면 대부분이 누군지 알아챌 수 있어요. 어느 날부터 사람들이 조금씩 이 사람을 부르는 이름이 생겼으니까요. 복돌이 엄마, 간난이 이모. 누군가의 고모, 이모. 그게 계속되니까 주인공의 엄마, 할머니가 되더니 안방을 꿰차더라고요. 우물가에서 앉아 있던 아주머니가 이제는 자기 안방까지 생겼으니 정말 대단한 거죠. 거기까지 가는 데 얼마나 노력을 많이 했겠어요.

내가 생각하는 최선은 그런 것 같아요. 남들이 내 역할이라고 말하는 것의 이상을 해내는 것. 물론 모든 사람들이 내가 말하는 식의 최선을 꼭 해야 할 필요는 없어요. 그런데 만약에 '나는 이렇게 최선을 다하는데 뭐가 부족한 거지' 하는 생각이 들거나, 아무리 노력해도 발전이 없는 것 같을 때 한 번 돌아봤으면 해요. 스스로 자기 역할을 정해두고 발전을 막고 있지는 않은지. 배우는 대본에 갇힌 사람들이 아니에요. 대본을 타고 훨훨 나는 사람들이죠. 어떤 일이든 마찬가지 아닐까요? '여기까지가 내 일이야'라고 정해버리는 순간 딱 그 일까지만 하는 사람이 되는 거예요. 스스로에게 꼭 묻기 바랍니다. 지금 내가 최선을 다하고 있는지.

음악에서 베토벤과 모차르트가 끝이라면 그
걸 흉내 내면 그만일 거잖아요. 하지만 그
시대의 모차르트, 베토벤이 있고 앞으로도
계속해서 모차르트, 베토벤 같은 음악가가
나오게 되죠. 배우도 마찬가지예요. 어느 시
대 올리비에가 있을지, 바롤트가 있을지 알
수 없어요. 그러니 계속해서 그 이상으로 뚫
고 나갔으면 해요.

그래서 연기라는 것은 모기나 잠자리에 비유하면 돼요. 유충 땐 물속에서 잠복을 하고 있는데 여기까진 쉽게 도달할 수 있어요. 장구벌레가 날개를 달기 위해서는 번데기를 뚫고 나와야 하는 거죠. 그런데 그 과정이 어디 쉽겠어요? 그냥 허허거리고 막걸리나 먹고 다니면 절대 뚫을 수 없어요. 온 힘을 다해서 튀어 올라가야 가능한 거죠.

그러기 위해서는 남들 대본 한 번 볼 때 두 번, 세 번 봐야 되고, 버스를 타고 가면서도 밥을 먹으면서도 중얼중얼하면서 미쳐 있어야 해요. 연기라는 것은 대사만 외웠다고 해서 되는 게 아니에요. 대사를 어떻게 표현하느냐, 이 경지에 도달해야 되는 거죠.

영원한 현역으로
불릴 수 있는 이유

제가 정말 좋아하는 말이 하나 있어요. '영원한 현역.' 나도 움직임이 예전 같지 않거나, 대사를 외우는 데 전보다 더 많은 시간이 들 때면 '내가 언제까지 이 일을 할 수 있을까' 하는 생각이 들어요. 그럼에도 불구하고 계속해서 일을 하는 이유가 있다면 저 말 때문일 거예요. 이 나이에 촬영장에 가서 연기를 할 때면 엄청난 뿌듯함과 자부심이 느껴지니까요. 아직까지 왕성하게 연기를 하고 있는 박근형이나 신구 같은 친구들도 분명 다 마찬가지일 거예요.

20대에 연기를 시작했는데 어느새 여든을 훌쩍 넘었어요. 60대까지만 해도 정신 없이 연기만 했지만 지금 나이가 되니까, 그리고 대학교에서 연기지도라는 것을 하다 보니까 내가 연기 생활을 지금까지 할 수 있던 이유가 하나둘씩 정리되기 시작하더라고요. '예술을 한다고 생각해라, 최선을 다해라.' 앞에서 많이 얘기했지만 결국 내가 배우들에게, 그리고 창작을 하는 모든 사람들에게 이야기하고 싶은 건 결국 이거 딱 하나예요. '모든 일에 주관을 가져라.'

배우가 촬영장에 가면 오늘 한 연기에 대해 사람들이 평가를 내립니다. "오늘 연기 좋았는데?"라는 말을 듣는 날도 있고 "이딴 걸 연기라고 했냐?"라는 지적을 받는 날도 있을 거예요. 그런 말을 듣고 주눅 든 젊은 친구를 볼 때마다 물어보고 싶은 게 있어요. "그래서 너는 어땠는데?" 네가 표현하려던 걸 오늘 다 한 게 맞냐는 거죠.

왜 스스로의 평가가 중요하냐면, 남의 평가에 신경 쓰다 보면 자기 자신에 대한 평가는 잘 안 하려고 하기 때문이에요. 남이 보는 것에 상관없이 나는 좋았는지 나빴는지 전혀 고민을 안 하는 거예요. 여기에 익숙해지면 누가 피드백을 안 해주면 혼자서 아무것도 못하는 지경에 이르고 말아요. 뭘 고쳐야 하는지도 모르는 거죠. 젊었을 적에는 욕이라도 섞어가면서 누가 가르쳐주려고 하지만 나처럼 나이가 들면 누가 말을 해주지도 않게 되죠. 불편하니까 다음에 안 부르고 마는 거예요. 예전에 한 친구가 이런 말을 해요. "야, 나랑 쟤랑 동기인데 내가 쟤에 비해 뭐가 떨어지냐. 나는 안 쓰고 쟤만 써." 누가 겉으로 말을 안 해주니 모르는 수밖에요. 어쩔 수 없이 내가 대답해줬어요. "네가 대사 실수 50번 할 때, 그 친구는 한 번도 안 하더라."

연기를 하면 간단한 몸동작 하나에도 주관이 있어야 해요. 연출이 "앉았다가 서"라는 주문을 했을 때, 그 장면에 대한 자기만의 해석이 있어야 하는 거죠. 단순히 '앉았다가 서야지'가 아니라, 작품 전체에 대한 이해도가 먼저 있고, 그다음 어떤 장면인지에 대한 고민이 있고, 그다음 그 동작을 하는 나만의 해석이 필요한 거죠. 그래서 "방금 왜 그런 식으로 앉은 거야?"라는 질문이 온다면 대답할 수 있어야 해요. "이러이러한 의도가 있었습니다." 그 의도가 연출이 생각했을 때 정답이었는지는 둘째의 문제예요. 가장 중요한 건, 나만의 해석을 하면서 연기를 하고 있느냐입니다.

사람들이 '자기 객관화'라는 말을 많이 합니다. 자신을 타인으로 인식하고 바라보라는 거예요. 내가 잘하고 있는지 못하고 있는지는 남의 시선으로 봤을 때 더 정확하다는 뜻이겠지요. 그런데 내가 지금까지 해보니까, 오늘 당장 더 좋은 성과를 내려면 남에게 어떻게 보이는지가 중요하지만, 오랫동안 꾸준히 성과를 내려면 내가 나를 어떻게 보는지가 더 중요하더라고요. 자기의 평가를 매일 쌓고 고쳐야 할 점이 눈에 보이기 시작하면 그때부터 스스로 방향을 정하고 발전해나갈 수 있게 됩니다.

이게 연기에만 적용되는 법칙은 아닐 거라고 생각해요. 우리
는 살면서 너무 남의 평가에만 귀를 기울여요. 그래서 내면의 소
리는 자꾸 무시하죠. 그게 가장 중요한 소리일지도 모르는데. 그
러다 어느 날 길을 잃어버리고 말아요. 나는 여러분이 그러지 않
았으면 좋겠어요. 자기만의 주관을 가지고, 오랫동안 빛나는 사
람이 되길 간절히 바랍니다.

「베토벤 바이러스」를 찍을 때였어요. 그 드라마의 주인공인 지휘자 역할을 맡은 사람이 배우 김명민이에요. 내가 그 친구를 그때 처음 만났는데 인상이 만만치가 않더라고요. 근데 이 친구가 작업에 임하는 태도가 뭔가 달라요. 자기가 무슨 연기를 하고 있는지, 어떤 점을 보완해야 하는지 알고 있는 것 같은 거죠. 스탠바이 하면 딱 나타나고 대사 NG도 없고요. 그다음에 지휘 연습을 아주 열심히 하더라고요. 「베토벤 바이러스」를 꽤 오랫동안 촬영했는데, 그 안에서 김명민이라는 친구는 매일 발전하는 모습을 보여줬어요. 그래서 말했죠. "너는 꼭 연기 평생 해라."

자기 판단이라는 게 없으면 오랫동안 이 일을 할 수 없어요. '사람들은 오늘 괜찮았다고 말하지만 내가 봤을 땐 부족했어. 다음엔 이 부분을 보완하는 연기를 하자.' 이런 식으로 스스로 판단하고 개선해나갈 때 발전할 수 있는 거죠. 그런 판단을 하지 않은 채로 '아무 말도 안 하네. 대충 넘어가도 되는가 보다' 하기 시작하면 어느 순간부터 뭘 더 이상 해야 할지도 모르게 됩니다.

배우의 연기는 구체적으로 자기 계산이 설정돼야 해요. 하다 보니까 우연히 나왔다? 그건 그냥 '짓'이죠. 연기라는 건 누가 가장 완성도를 높이느냐의 싸움이에요. 반짝 떠오르는 것은 아무 의미가 없어요.

생각은 깊게,
행동은 두려움 없이

———

임
순
례

그 시절 우리가
좋아했던 소녀

  제 학창 시절에 벌어진 가장 큰 사건이라면 당시 최고의 인기를 누리던 연예인이 제 뒷자리로 전학 온 일인 것 같아요. 아직도 그날의 기억이 생생한데, 소문이 돌자마자 학교가 발칵 뒤집혔어요. "야! 임예진이 우리 학교에 온대!" 혹시라도 당시 임예진 씨의 인기가 어느 정도였는지 실감하지 못할 분들을 위해 덧붙이자면, 쉽게 말해 우리 학교로 방탄소년단, 아이유, 박보검 같은 연예인이 전학 왔다고 상상하시면 됩니다.

  물론 진짜 전학은 아니었어요. 임예진 씨가 「쌍무지개 뜨는 언덕」이라는 영화의 한 장면을 촬영하기 위해 저희 학교를 찾았던 거죠. 지금 들으면 말도 안 되는 얘기라고 하시겠지만, 영화를 촬영한다는 이유로 3일 내내 저희 반은 수업을 단 한 번도 하지 않고 영화 촬영 현장에 동원되었어요. 따로 세트를 마련하지도, 다른 반에 가서 수업을 들은 것도 아니었어요. 심지어 반 친구들 모두가 보조출연자로 활약했죠.

여기서 질문을 하나 드리겠습니다. 여러분이 만약 교실에서 촬영을 하는 감독이라고 가정해보세요. 배우가 어느 자리에 앉아야 촬영에 가장 유리할까요? 동선, 카메라 위치 등등 모든 요소를 고려했을 때 가장 좋은 위치는 제일 뒷자리입니다. 학교를 배경으로 한 영화나 드라마를 볼 때 주연배우가 가장 뒷자리에 앉아 있는 장면을 많이 보셨을 거예요. 임예진 씨도 당연히 맨 뒷자리에 앉았죠. 저는 공교롭게도 바로 그 앞자리였어요. 아무리 영화 촬영을 한다고 해도 교실에 있는 친구들 모두가 그 자리를 지켜야 하는 것은 아니었어요. 관객들이 모든 학생의 위치를 기억할 리도 없고, 임예진 씨만 가까이서 찍을 때는 반 친구들이 전부 교실에 있을 필요도 없으니까요. 그런데 저는 바로 앞자리다 보니 아무리 임예진 씨를 가까이 찍어도 머리카락이나 어깨가 화면에 걸리게 되었죠. 결국 저는 3일간 교실 밖으로 한 발자국도 나가질 못했어요.

수업을 안 한다는 이유만으로도 충분히 즐거운데 그 시절, 정말 누구나 좋아했던 연예인이 우리 반에 있으니 얼마나 신이 나겠어요. 반 친구들은 쉬는 시간마다 임예진 씨에게 달려가 사인을 받고, 말을 걸고 관심을 보이며 내내 행복해했죠. 그런데 저는 그토록 빛나는 사람이 바로 뒷자리에 앉아 있어도 이상하게 감독이라는 사람한테 더 시선이 갔어요. '저런 일을 하는 게 감독이었어? 너무 신기하다.' 내 뒷자리의 인형 같은 외모의 연예인보다, 연기를 지도하고, 컷을 외치고, 가끔은 화도 내는 감독이라는 존재에 정말 이상할 만큼 계속 시선이 가요. 이때가 제가 감독이라는 존재에 대해 가장 처음 인지했던 시점이자 감독 하면 가장 먼저 떠오르는 기억이에요.

요즘 많은 분들이 하는 말이 있죠. "좋아하는 게 뭔지 모르겠어." 저도 비슷했어요. 고등학생 때는 더욱이 무언가가 되어야겠다는 생각 자체가 없고, 마냥 소설이랑 만화책 보는 걸 좋아하던 학생이었어요. 그런 저에게 평소와는 다른 순간이 찾아왔지만, 금세 다시 잊어버렸죠. 솔직히 뭘 알겠어요. 그냥 저 사람 조금 신기하다 뿐이지. 하지만 나중에, 나중에 돌이켜봤을 때 그 순간이 가장 먼저 생각났어요. 그게 제 마음에 대한 힌트가 된 거죠.

좋아하는 게 뭔지 모르겠고, 앞으로 어떻게 살아가야 할지도 막막할 때. 그때 우리에게 무엇보다 중요한 일은 과거를 돌아보

제가 고등학생 때까지만 해도, 한 번도 영화 감독이 돼야겠다는 생각을 해본 적이 없어요. 영화를 재밌게만 보던 학생이었죠. 그런데 어느 날 임예진 씨가 저희 학교에 왔어요. 「쌍무지개 뜨는 언덕」이라는 영화를 찍으러 온 거죠.

제 친구들은 쉬는 시간마다 임예진 씨에게 몰려들어 사인을 받는데도 저는 이상하게 감독한테만 계속 시선이 가더라고요. '저게 감독이 하는 일이구나.'

나중에 돌이켜보니 그런 경험이 무의식 중에 작용하지 않았나 싶어요. 감독 하면 가장 먼저 떠오르는 기억이니까요.

는 시간일지도 몰라요. 저와 비슷한 상황에 놓여 있다면 천천히 돌아보세요. 좋아하는 게 뭔지는 잘 몰라도 남들 모두가 관심 있어 하는 걸 뒤로하고 자꾸만 눈길이 가는 것은 없었는지. 그땐 모르고 지나쳤을지 몰라도, 지금 돌아보면 마음에 대한 힌트를 얻을 수도 있습니다.

당신이 만들고 싶은 것은 무엇인가요

제 영화에 나온 주인공들을 기억하시나요? 첫 작품이었던 영화 「세 친구」에서는 대학 진학에 실패한 세 명의 청춘, 「와이키키 브라더스」에서는 나이트클럽에서 연주하는 4인조 밴드, 「우리 생애 최고의 순간」에서는 노장들로 구성된 여자 핸드볼팀, 「리틀 포레스트」에서는 도시 생활에 지쳐 시골로 내려간 공시생. 이들의 공통점이라면, 현실에서는 주인공이 될 수 없는 사람들이라고 할 수 있을 것 같아요. 그래서인지 어느 날부터 이런 수식어가 붙더라고요. '임순례, 소외된 사람을 위해 영화를 만드는 감독.'

그래서인지 간혹 저에 대해 소외된 계층에 대한 동정심이 있는 것 같다고 말씀하시는 분들이 있어요. 어느 정도는 맞는 말일지도 모르죠. 그런데 감독들은 동정심으로 영화를 만들지 않아요. 자신이 가장 잘 아는 이야기로 영화를 만들죠. 저는 제 어린 시절의 기억 때문에 그런 영화들을 만들고 있다고 생각해요.

'이 영화를 보고 나서 지하철역 앞에서 나물 파는 할머니들, 청소하는 미화원들, 먹이를 찾아서 길거리를 헤매는 비둘기 같은 존재들에 대해서 다시 보게 됐다'. 제 영화 「와이키키 브라더스」를 보고 어떤 분께서 남겨주신 감상평이에요. 제가 영화를 통해서 관객들에게 계속해서 받고 싶은 피드백이기도 하죠. 재밌다, 재미없다 같은 오락성에 대한 평가도 물론 중요하겠지만, 제가 영화를 만드는 이유는 관객이 평소에 관심 없던 존재에 대해 깊게 생각하도록 만드는 데 있어요.

제 영화에는 무자비한 악당이 나오지 않아요. 세상 모든 것에는 이면이 있어요. 단순하게 절대 악을 등장시켜 관객이 마음 편하게 미워하게 하기보다는 이런 생각을 하게 만들죠. '저 사람은 어쩌다가 나쁜 사람이 됐을까? 왜 지금이라도 멈추지 못하고 있을까?' 그래서 제 영화 「제보자」 속의 악역 이장한 박사는 이런 대사를 해요. "너무 멀리 와서 멈출 수가 없다." 이장한이라는 캐릭터는 악한 사람이 분명한 데도 그 장면을 통해 많은 관객들이 그 캐릭터에 공감할 수 있었다고 얘기하셨죠. 생각을 멈출 정도로 즐겁게 해주는 영화가 아니라, 평생 하지 않을 수도 있던 생각을 하도록 만드는 영화. 이게 제가 만들고 싶고, 만들려고 하는 영화예요.

창작자라면 이런 생각을 할 수밖에 없겠죠. '나는 성공할 거야. 성공하는 작품을 찍을 거야.' 그 생각을 비난할 수 있는 사람은 아무도 없어요. 너무나 자연스러운 욕구니까. 하지만 모두가 성공한 사람이 되고 싶다 보니, 소수를 제외한 모두가 성공하지 못한 사람으로 남기도 해요. 그래서 저는 '무엇으로' 성공하느냐가 더 중요한 것 같아요. 나는 '무엇으로' 성공할 것인가를 생각해보세요. 단순히 좋은 작품을 만든다는 다짐으로만 영화에 뛰어들었다면 저는 아마 지금처럼 오랫동안 영화를 만들지 못했을 거예요. 성공하기 이전에 좋은 작품을 만들고 싶었고, 단순히 좋은 작품이 아니라 '무엇이' 좋은 작품인지를 먼저 정했어요. 스스로 '관객을 생각하게 하는 영화를 만들자'라는 기준이 있었기 때문에 큰 성공까지는 안 바라도 원하는 작품을 만드는 것에는 성공할 수 있었죠. 오랜 시간 작품 활동을 하다 보니 손익분기점을 훨씬 넘는 영화를 만들 수 있게 되었어요. 당신은 무엇을

만들고 싶은 창작자인가요? 그 질문에 대한 답을 하루빨리 찾길
바랍니다.

가장 어렵고도
중요한 것

혹시 지금 하고 있는 고민이 있나요? 아마 이런 말 많이 들어
보셨을 거예요. '인생은 선택의 연속이다.' 수도 없이 들은 말인
데도 불구하고, 들을 때마다 탄식이 절로 나와요. 이 정도로 공감
되는 말이 또 어디 있을까요? 매번 선택의 순간은 찾아오는데도
우리는 또다시 고민을 합니다. '이거 해야 돼, 말아야 돼.' 제가
이번에 하고 싶은 말은 선택과 고민에 관련된 이야기예요.

제 생각에 인생에서 가장 쉬운 것이 있다면 '내 선택을 다른
사람에게 맡기는 것' 아닐까 싶어요. 사람들은 무언가 결정할 일
이 생기면 주변 사람에게 의견을 물어보죠. '이거 어떻게 생각
해?' 여기까진 괜찮아요. 상대방이 그 일을 더 객관적으로 봐줄
수도 있고, 나보다 더 전문가일 수도 있기 때문에. 그런데 그게
아니라 어떤 고민도 스스로 해보지 않고 무작정 주변 사람들에

게 고민과 선택을 맡겨버리는 분들이 있어요. 저는 이런 습관은 당장의 머리 아픈 고민에서는 자유롭게 해줄지 몰라도, 장기적으로 봤을 때는 너무나 안 좋은 방법을 택하고 있다고 생각해요. 지금부터 제가 왜 그런 생각을 하게 되었고, 저는 인생에서 선택의 순간이 올 때 어떤 방법을 쓰는지에 대해 이야기하려 합니다.

대학교를 졸업할 쯤이었어요. 저는 영문학을 전공했는데, 4학년 2학기가 다가오니까 진지하게 진로에 대해서 고민해야겠다 싶었어요. 지금 내가 하는 선택이 평생 나의 발자국을 만들지도 모를 일이니까요. 지금부터 치열하게 앞으로의 삶에 대해 고민해야겠다 마음먹었죠. 그런데 저는 부모님에게 묻지도, 교수님을 찾아가지도 않았어요. 일단 치악산에 있는 민박집을 열흘 동안 예약했습니다. 그리고 혼자서 가방 하나를 둘러메고 그 민박집에 가서 머리가 터지게 고민했어요. 나는 어떤 직업을 가질 것이고, 어떻게 먹고살 것인지에 대해서. 멀쩡한 아가씨가 방 안에서 꼼짝도 안 하니 민박집 주인 아주머니가 불안하셨나 봐요. 혹시 제가 나쁜 마음을 먹는 건 아닌지 무슨 일이 생기는 건 아닌지 걱정되어 수시로 방문을 두드리셨지요. 그때마다 아니라고, 생각할 게 있어서 조용한 곳을 찾아온 거라고 수차례 말씀드렸는데도 마음이 편치 않으셨는지 쉴 새 없이 방을 들여다보셨어요.

제가 자랐던 동네는 전국 각지에서 올라온 사람들이 돈을 벌기 위해 모여 사는 굉장히 가난한 동네였어요. 저희 아버지는 미군부대 노무자였고, 동네 사람들 대부분도 일용직 노동자라 말 그대로 참 가난한 동네였어요. 어른들이 모두 출근하고 나서 아이들만 남아 있을 때는 작은 고아원이 연상되는 그런 곳. 바깥 사람들이 보기엔 살고 싶지 않다고 말할 그런 동네. 그런데 제가 느끼기엔 부족함도 많지만 참 정이 많은 곳이었어요. 가난하고, 평범하고, 부족한데 인정 많고 따듯한 사람들로 채워진 동네. 그때 동네 사람들과 얽혀 살면서 자연스럽게 정이 많이 들었죠. 그래서인지 제 영화에는 '루저'라고 불릴지도 모르는 사람들이 주인공으로 등장해요. 그것도 아주 사랑스럽게.

'「와이키키 브라더스」를 보고 나서 지하철역
앞에서 나물 파는 할머니들, 청소하는 미화
원들, 먹이를 찾아서 길거리를 헤매는 비둘
기 같은 존재들에 대해서 다시 보게 됐다.'
제가 영화를 통해서 관객들에게 받고 싶은
피드백은 이런 거예요. 평소에 관심 없던 존
재에 대해 깊게 생각하도록 만드는 영화를
계속해서 만들고 싶습니다.

그 민박집에 혼자 앉아서 계속 생각해봤어요. 나에게 맞는 직업이 어떤 것인지. '내가 회사 생활을 잘할 수 있을까'를 고민해본 결과 저는 아니라는 결론을 내렸어요. 경쟁에서 살아남아 승승장구할 수 있을 것 같지도 않고 조직 생활에 원만히 적응할 수 있을지도 염려되었고요. 그렇다고 교수가 돼서 안정적인 삶을 누릴 수 있을 것 같지도 않았어요. 마지막으로 영화감독이라는 직업을 떠올려봤어요. '영화감독은 어떨까?' 그때 처음으로 영화감독이라면 평생 동안 해봐도 괜찮지 않을까 하는 생각이 들더라고요.

대학 시절에 프랑스 문화원에 처음 영화를 보러 갔다가 그 나라 영화에 푹 빠져버렸고, 하루에 네다섯 번씩 상영하는 모든 영화를 섭렵했었거든요. 그 영화를 보면서 관객의 입장에서 벗어나 나도 영화를 만들어보고 싶다는 생각이 조금씩 자라났던 것 같아요. 영화감독은 평생의 업으로 삼기에는 굉장히 '리스크'가 큰 직업이지만 그 결정을 내린 뒤로 지금까지 한 번도 후회한 적이 없어요. '인정받는 영화감독이 되었기 때문에 그렇게 말할 수 있는 거겠지'라는 생각을 하실 수도 있어요. 하지만 저는 자신 있게 그렇지 않다고 얘기할 수 있어요. 만약 그때 내린 결정이 영화감독이 아닌 영어학원 선생님이었다고 해도 후회하지 않고 그 선택에 만족하면서 잘 지냈을 거예요. 그만큼 스스로 치열하게 고민하고 내린 결정이기 때문이에요.

말은 쉽게 했지만 그해에 졸업을 하고 영화감독으로 데뷔하기까지 12년이 걸렸어요. 자그마치 12년인데 그 세월 동안 불안한 순간이 왜 없었을까요. 만약 제가 다른 누군가의 추천에 솔깃해서 덜컥 영화감독이 되기로 결정했다면 아마 1년도 제대로 버티지 못하고 그만뒀을 거예요. 제가 데뷔했을 당시에 여성 감독의 수는 정말 처참할 정도로 적었고, 상당히 열악한 환경이었죠. 외롭고 서럽고 억울하고 힘들었어요. 그런 환경 속에서도 결국 데뷔를 하고, 지금까지 가장 작품 수가 많은 여성 감독이 될 수 있던 이유는 다른 걸로는 설명하기가 어려워요. 스스로 선택하고 그걸 강하게 믿었기 때문이라고밖에는.

저는 아주 어렸을 때부터 인생에서 저와 관련된 것은 전부 스스로 고민하고 결정하면서 살아왔어요. 어떻게 그럴 수 있었을까요? 저희 집안의 분위기가 가장 큰 영향을 끼쳤을 거라고 생각해요. 실제로 저희 부모님은 저에게 어떻게 하라는 말을 잘 안 하셨어요. 좋게 말하면 자유고 나쁘게 말하면 방치에 가까운 교육이었죠. 360명 중에 353등을 했을 때도, 더 이상 공부를 따라

가지 못할 것 같아서 자퇴를 결정했을 때도, 소설과 만화에 빠져서 2년의 세월을 허송세월할 때도 다른 집 같았으면 난리가 나도 골백번은 났을 텐데 저희 부모님은 별다른 말을 하지 않았어요. 그래서 어쩔 수 없이 스스로 결정하는 습관을 들이게 됐던 걸지도 모르죠. 아무런 강요를 하지 않는다는 것은 모든 책임이 저에게 있다는 말이기도 하니까.

스스로 결정하는 것은 분명히 장점이 있어요. 인생은 선택의 연속이잖아요. 한 번 치열하게 고민을 하고 난 이후에는 그 결정에 대해서 심각하게 고민을 하지 않아도 돼요. 이미 모든 것을 고민해보고 결정했기 때문에, 자신이 고민했던 것을 바탕으로 그다음 선택을 하면 되니까요. 그런데 그 고민을 대충 넘긴 사람은 다음 선택의 순간에 다시 또 굉장히 큰 갈등에 직면하게 됩니다. 별로 생각을 안 해본 문제기 때문에 모든 선택이 너무나도 어렵고 복잡해지는 거죠.

그래서인지 누가 저에게 고민을 상담하면 저는 이렇게밖에 대답해줄 수 없더라고요. "밤에 조용히 불 꺼놓고 가만히 생각해보면 답이 나와." 같이 고민해주고 싶지 않아서가 아니라, 그 말이 가장 도움된다고 생각해서 건네는 진심이에요. 저는 여러분이

한 살이라도 어릴 때 조금 더 치열하게 고민해보는 경험을 가졌으면 좋겠어요. 그게 여러분에게 중요한 고민이라면 더욱더. 이 세상에 여러분보다 여러분을 더 잘 아는 사람은 없어요. 다른 사람에게 절대로 스스로의 인생을 맡기지 마세요.

대학 졸업할 때가 되면 취업을 할 것이냐 진학을 할 것이냐 결정을 해야 되잖아요. 그때 제가 정말 치열하게 고민을 했어요. 배낭을 하나 메고 치악산의 어느 민박집에 틀어박혀 열흘 동안 꼼짝도 하지 않았죠. 심지어 민박집 주인이 무슨 일이 있나, 설마 스스로 목숨을 끊는 건 아닐까 불안했는지 계속 방문을 두드리며 제 안부를 체크하셨어요.

그로부터 35년이 지났는데 저는 지금까지 한 번도 후회해본 적이 없어요. '잘나가는 감독이 됐으니까 후회를 안 하겠지' 하고 생각할 수도 있겠지만 그 어떤 직업을 택했어도 저는 후회하지 않았을 거예요.

고민을 할 때 제일 중요한 건 본인이 본인을 잘 알아야 되는 거예요. 제가 봤을 때 저는 조직 생활에 잘 맞는 사람이 아니었어요. 교수가 돼서 안정적인 삶을 살면 좋겠지만 그런 삶은 내가 원하는 게 아니라는 것도 알고 있었고요. 제 자신에 대한 믿음이 있었기 때문에 영화감독이라는 직업을 선택할 수 있었어요.

여러분들이 후회를 하지 않으려면 자기 자신에 대한 질문, 내가 어떤 걸 좋아하고 어떤 것을 못 견디고, 어떤 것에 가장 취약한지에 대해 치열하게 고민하고 스스로 답을 얻으세요. 여러분은 여러분 스스로가 가장 잘 알아요. 부모님도, 형제자매도, 아무리 친한 친구라고 해도 여러분 자신보다 여러분을 더 잘 아는 사람은 없어요.

나는 왜
「1987」을 만들었나

———

장
준
환

로켓을 만든
소년

어린 시절 부모님께 정말 호되게 꾸중을 들었던 기억이 있어요. 제가 학교 운동장 한가운데에서 로켓을 발사했거든요. 요즘 초등학생들이 학교에서 하는 것처럼 펌프를 사용한 게 아니고, 3일 밤낮 동안 화약과 성냥 알을 갈아서 진짜 로켓을 만들었어요. 발사하는 순간 어떻게 됐을까요? 삐익 소리가 어찌나 큰지 귀가 멀어버리는 줄 알았어요. 당연히 선생님께 불려가서 엄청 혼이 났어요. 그런데도 저는 그날이 잊히지가 않더라고요. 내가 만든 로켓으로 사람들을 놀라게 한 것, 웃게 한 것, 또 누군가는 울게도 한 것. 그게 즐거움이란 걸 처음으로 깨달았던 것 같아요. 그래서 이런 일들을 계속하고 싶었어요.

저는 어릴 때부터 굉장히 엉뚱하고 뭔가 만드는 걸 좋아하는 소년이었습니다. 제게 영화란 공부하기 싫어 독서실에 간다고 거짓말을 했을 때 시간을 때우기 좋은 도구일 뿐이었죠. 어릴 때는 그림 그리는 걸 더 좋아했는데, 부모님께서 예체능은 절대 안 된다고 반대하셔서 어쩔 수 없이 영문과에 입학했어요.

원치 않았던 학과에 들어가서인지 대학에서도 항상 창작에 대한 갈망이 있었어요. 꼭 미술이 아니어도 괜찮으니 즐겁게 무언가를 만드는 일을 계속하고 싶었죠. 결국엔 그 마음을 참지 못하고 대학교 4학년 때 영화 아카데미에 들어가 공부를 시작했습니다. 그리고 그곳에서 예전에 느꼈던 희열을 다시 찾게 된 거예요. 그림을 그리고 로켓을 발사하며 느꼈던 그 즐거움을요. 그때 처음으로 영화감독의 꿈을 꿔봐도 좋지 않을까 생각했고, 지금까지도 이렇게 영화감독의 길을 걷고 있습니다.

사실 영화를 하고 싶다며 제게 찾아와 고민을 털어놓는 친구들에게, 저는 다시 한 번 생각해보라는 말을 많이 합니다. 자신을 극한으로 몰아넣어야 하는 직업이고, 많은 사람들의 말과 시선에 시달릴 수밖에 없는 직업이거든요. 그래서 제가 내린 결론은, 자신이 이 일을 해야 하는 절실한 이유가 있는지를 스스로에게 끊임없이 물어보라는 것입니다. 제게는 그 이유가 바로 창작에 대한 욕구와 즐거움을 나누는 순간의 희열이었거든요.

장준환

영화감독이 된 지금도 저는 여전히 어떤 작품을 선택하거나 새로운 글을 쓰려고 할 때 대체 왜 이 이야기를 하려고 하는지, 이것이 진짜 내 안에 실제로 존재하는 이야기인지를 스스로에게 되묻곤 합니다. 상황에 따라, 시기에 따라 답은 계속해서 달라질 수 있기 때문이에요. 그렇기 때문에 현실적인 대안을 찾아야 할지, 내가 하고 싶은 일을 밀고 나가야 할지 고민이 된다면 내게 꼭 그 일을 해야 하는 이유가 있는지부터 꼭 확인하세요.

10년의 공백기, 10년의 슬럼프

"너 영화감독이라더니, 영화는 언제 만드냐?" 아마 공백기 동안 제가 제일 많이 들은 말이었을 겁니다. 데뷔작이었던 「지구를 지켜라」가 비록 흥행에는 실패했지만 신인상을 비롯해 굵직한 상을 여럿 안겨주었거든요. 그래서 주변 사람들이 보기에는 더욱 이상했을 거예요. 온갖 상을 휩쓸며 화려하게 데뷔해 천재 감독이라는 타이틀까지 얻었던 사람이 그 뒤로는 아무것도 만들지 못했으니까요. 지금 생각해보면, 그래서 더욱 어쩌지 못했던 것 같습니다.

'왜 영화감독이 되었나요?' 자주 받는 질문
이기도 하지만 지금까지도 스스로에게 되묻
게 되는 중요한 질문입니다. 영화를 만드는
것에 대한 막연한 동경심과 화려해 보이는
겉모습만으로는 이 직업을 계속 버텨내기
어렵거든요.

제 경우 세상에 내 이야기를 내놓고 그것을 사람들과 함께 즐기는 것이 제 인생에 가장 소중한 순간이라는 답을 찾았기 때문에 영화감독이라는 길을 선택할 수 있었습니다. 내 안에 이 세상에 쏟아낼 질문이, 하고 싶은 이야기가 가득 차 있다고 생각했어요. 자신 안의 이야기를 정제하고 걸러내어 밀도 있는 예술작품으로 꺼내 놓는 것이 영화감독이라는 일의 본질이 아닐까요?

다양한 영화를 보고, 분석하는 것도 좋지만 정말 평생을 좇을 수 있는 나만의 주제, 나만의 스타일을 찾는 것이 무엇보다 중요합니다. 그렇기 때문에 학생 때는 원론적인 질문을 더 많이 해보았으면 좋겠어요. 나이가 들면 들수록 그런 시도를 하기 점점 더 어려워져요. 많은 것들을 시도해보고 질문하면서 자신만의 개성을 찾아보세요. 내가 어디에 나가서도 나만의 것을 보여줄 수 있다는 자신감과 자존감은 바로 그 질문에서 나오거든요.

「지구를 지켜라」는 제가 상업성이나 다른 사람들의 시선에 타협하지 않고 오로지 영화 하나만 생각하며 만든 작품이었거든요. 그토록 원했던 '내 이야기'를 꺼내 놓았는데 관객들이 반응하지 않았던 거죠. 결국 다음 작품까지 무려 10년의 공백기를 갖게 했습니다.

제가 그 시기 동안 영화 하나만 바라보며 버텼을 거라고 생각하시는 분들이 많지만, 그렇지 않습니다. '여기서 포기할까?'라는 생각을 제일 많이 했고, '나는 아무래도 아닌 것 같다'는 생각을 두 번째로 많이 했던 것 같아요. 그럼에도 불구하고 영화감독이란 직업의 끈을 놓지 않았던 이유는 아직 내가 세상에 꺼내 놓지 못한 이야기가 있다는 억울함 때문이었어요. 그때부터는 그저 묵묵히 견뎌냈던 기다림의 시간이었죠.

그러다 결혼해서 딸을 낳고, '영화감독 장준환'이라는 타이틀뿐만 아니라 한 사람의 남편이자 한 아이의 아버지가 되고 나니 저에게 또 하고 싶은 이야기가 생겼습니다. 당연하게 여기던 많은 것들이 다르게 보이더라고요. 사회적인 이슈에도 조금 더 관심을 가지게 되었고 '아이들에게 어떤 세상을 물려주어야 하는가'에 대한 고민이 많아졌습니다. 내가 세상에 하고 싶은 이야기

를 넘어서, 이 세상을 살아갈 아이들을 위해 어떤 이야기를 들려
주어야 하는가를 고민하게 되었죠. 그런 고민 끝에 탄생한 영화
가 「1987」입니다.

「1987」은 B급 감성의 코미디 영화가 대표적인 이미지였던 저
에게 굉장히 실험적인 작품이었습니다. 왜 장준환이 그런 무거
운 사회 이야기를 하냐는 핀잔도 많이 들었죠. 실제로 영화 제작
에 들어가기 전, 딱 일주일만 고민할 시간을 달라고 말하고 신촌
에 있는 이한열 열사 기념관에 가 보았습니다. 거기에서 당시 그
가 입었던 옷가지와 유품들을 구경하는데 오른쪽 운동화 하나
가 덩그러니 놓여 있더라고요. 그걸 보고 정말 많은 생각이 들었
습니다. 짝을 잃어버린 그 운동화가, 우리가 잃어버린 뭔가를 상
징하는 것처럼 느껴졌거든요. 작은 국민들의 힘이 하나하나 모여
대통령 직선제라는 커다란 변화를 쟁취해낸 사건인데, 왜 아무도
그런 역사적인 사건에 대해 이야기하지 않는가라는 분노가 차올
랐습니다. 우리 아이와 앞으로 살아갈 세대를 위해서라도 이 영
화를 만들어야겠다는 다짐을 했고 '영화감독 장준환'으로서의
삶이 다시 시작되었죠.

'10년의 슬럼프'라 이름 붙일 수 있을 정도로 꽤 오랫 동안 공

백기를 갖기는 했지만 저는 그 시기를 끝까지 가져갈 수 있는 에너지를 비축해놓았던 시간이었다고 말하고 싶습니다. 정말 많은 분들이 슬럼프를 경험하곤 하잖아요. 어떻게든 자신을 더욱 닦달해서 다시 달리게 하려는 분들도 있고, 아무것도 손에 잡히지 않아 괴로워하는 분들도 많습니다. 하지만 가슴속에 내가 정말로 원하는 것이 있고, 이 세상에 내놓고 싶은 이야기가 있다면 조급해하지 않아도 괜찮습니다. 에너지를 저장해놓고, 그걸 연료 삼아 계속해서 엔진을 돌리다 보면 어느 순간 길을 잃지 않고 원래 가려고 했던 방향으로 나아가고 있는 자신을 발견할지도 모르거든요.

돌아보면, 슬럼프는 길었지만 그것을 극복하는 순간은 또 순식간이더라고요. 학생들이 그런 질문을 많이 해요. "감독님, 힘든 시기를 도대체 어떻게 견뎌내셨나요?" 그럴 때마다 제가 항상 하는 이야기가 있습니다. 어떤 왕도나 비결 같은 건 없다고요. 저 역시 많이 흔들리고 갈등하고 고민하며 그 시기를 보냈습니다. 영화에 집착하는 대신 제게 주어진 여러 역할에 최선을 다하자고 다짐하며 묵묵히 견뎠죠. 억지로 도망치거나 고집을 부리며 붙잡고 있지는 마세요. 중심만 잘 지키면 됩니다. 자신이 하고 싶은 무언가가 있다는 것만 확신할 수 있다면, 그게 분명 견딜 수 있는 힘이 될 겁니다.

1987년에 저는 고등학교 3학년이었고, 민주화의 열망까지 이해하기엔 아직 어린 나이였습니다. 그 이후에도 학생운동은 활발하게 벌어졌지만 적극적으로 참여하지는 못했어요. 당시엔 인간 존재 같은 철학적인 질문에 더 심취해 있었거든요. 그래서 항상 그때 하지 못한 이야기에 대한 부채감을 가지고 있었습니다. 「1987」을 잘 만들어낼 수 있을까 고민하고 있던 시기에, 어렸을 때는 미처 하지 못했던 이야기들이 생각나더라고요. 그런 것들이 아이들에게 어떤 세상을 물려줘야 할지, 다음 세대에게 어떤 이야기를 들려줘야 할지에 대한 사회적인 고민과 맞물려 결국 「1987」을 위한 단단한 바탕이 되어주었습니다.

이야기의
본질

1000명이 한 편의 이야기를 쓴다면 한 명이 쓰는 것보다 더 좋은 시나리오를 만들 수 있을까요? 여러 사람이 연구를 해서 소위 '대박'을 낼 수 있는 요소들을 집어넣는다면 그 이야기는 모든 사람이 좋아하는 이야기가 될까요? 실제로 가능하다 하더라도, 저는 그것이 이야기의 본질은 될 수 없다고 생각합니다. 창작물은 창작자가 세상을 읽고 느끼고 해석해서 새롭게 정제된 구조물입니다. 세상에 '자신의 이야기'를 내어 놓는다는 점에서 의미가 있는 거죠. 하지만 그렇게 만들어낸 자신의 이야기가 관객들에게 효과적으로 전달되기 위해서는 이야기를 만들고 난 뒤 이것이 내 마음뿐만 아니라 다른 사람들의 마음에도 작용하는지 확인하는 과정이 반드시 필요합니다.

큰 예산이 들어가는 상업 장편영화를 만들 때는 무수히 많은 사람들의 의견이 들어가게 됩니다. 수많은 모니터링이 있고, 그 과정에서 종종 압박이 있기도 하죠. 기억해야 할 건, 이런 이야기를 듣기 전에 반드시 내 이야기의 흐름을 결정지어줄 중심을 만들어야 한다는 거예요. 중심 없이는 이야기가 하나의 맥을 잡고 흘러가기 어렵거든요.

'어떻게 똑같은 글을 읽고 이렇게 다른 생각을 할 수 있을까' 하는 순간들을 많이 경험하셨을 거예요. 창작자라면 다양한 사람들과 소통하는 것도 좋지만 결국 내가 하고자 하는 이야기로 사람들을 설득해야 하거든요. 그러려면 이 이야기가 어떤 이야기인지, 내가 어디로 이 이야기를 끌고 가야 하는지가 정확하게 세워져 있어야 흔들리지 않고 작품을 완성할 수 있어요. 결국 많은 사람들의 이야기를 듣되 내가 가지고 있는 핵심은 흔들리지 않는, 그러면서도 유연하게 타인의 의견을 흡수할 수 있는 상태를 유지하는 게 중요하죠.

중심이 되는 것의 기준은 물론 자기 자신만이 알 수 있는 부분입니다. 그래도 제가 조언을 하나 보태자면, '애초에 자신이 이 이야기를 하려고 했던 이유'를 가장 먼저 생각해보라고 말하고 싶어요. '왜 이 이야기를 하려고 하는가?' 그 이유가 바로 끝까지 가져가야 하는 본질이거든요. 그 답을 중심에 두어야 자신의 이야기를 꾸리고, 사람들의 이야기를 듣고, 중심이 흔들리지 않도록 사람들을 설득해나가면서 자신의 이야기를 더욱 단단히 만들어나갈 수 있어요.

제가 「1987」을 제작할 때 유독 신경 썼던 분들이 있습니다. 바로 영화에 등장하는 두 열사의 유가족들이었죠. 실제 사건을 배경으로 하는 만큼 영화에서 사실관계를 훼손해서도 안 되지만, 다큐가 아닌 영화로 존재하려면 하나의 이야기로서도 완성도가 높아야 하거든요. 시사회가 끝나고 긴장된 채로 유가족분들을 마주했는데 제일 먼저 감사하다는 말을 해주시더라고요. 그때 정말 긴장이 확 풀렸어요. 제일 많이 고민하고 조율했던 지점이었던 만큼, 큰 짐을 내려놓은 것 같았거든요. 하나하나 저의 선택으로 만들고 구성해나간 이야기가 누구보다 그 시절을 뼈에 사무치게 기억해오셨던 분들에게도 인정을 받았다는 거니까요.

사실 이건 영화감독으로서 꼭 필요한 자질이기도 하지만, 살아가는 데에 있어서도 중요하게 작용할 수 있는 법칙이라고 생각합니다. 많은 사람들의 이야기를 듣되 자신이 가지고 있는 마음속 핵심 하나만은 흔들리지 말아야 해요. 물론 그전에 자신의 핵심이 될 본질이 무엇인지도 고민해보아야 하고요. 고민하는 일이 있어 조언을 들으려 할 때, 삶의 중요한 순간에 대한 결정을 내리게 될 때, 지금 제가 했던 말이 떠오른다면 가장 먼저 이걸 생각해보세요. 자기 인생의 중심이 무엇인지를. 그 중심이 자신이 선택해야 할 길을 비춰줄 수 있을 겁니다.

영화감독이 한 편의 영화를 만들 때 몇 가지 결정을 하게 될까요? 실제로 영화를 만들다 보면 오만 가지의 결정권이 모두 감독의 손에 달려 있다는 걸 느낍니다. 그중에서 어떤 걸 듣고 어떤 걸 뱉어낼 것인가, 그건 오로지 감독의 결정에 달려 있습니다.

그래서 영화감독은 정말 외로운 직업이에요. 그 결정에 대한 책임을 져야 하는 자리고, 자신이 하고 싶은 이야기는 본인의 선택으로만 완성되니까요. 그런 부분이 이 직업의 가장 힘든 점이기도 하지만 그만큼 수만 번 정제해서 뱉어낸 자신의 이야기를 할 수 있다는 게 비교할 수 없는 장점 아닐까요?

예술이 왜
가난해야 되나요?

예술을 한다고 하면 소위 떠오르는 이미지들이 있죠. '예술은 가난해야 한다. 예술은 타협하지 않아야 한다.' 하지만 영화를 구성하는 수많은 요소 중 '상업성'도 굉장히 중요합니다. 예산이나 투자 측면에서도 그렇지만, 보다 많은 관객들이 즐길 수 있어야 하거든요.

제가 첫 번째 작품인 「지구를 지켜라」를 찍고 난 뒤 길고 긴 공백기를 지나오며 갈등했던 부분도 바로 그 상업성이었습니다. 제가 쓰는 작품들은 주로 B급 코미디 영화들이었는데, 영화계에서는 제게 계속 상업영화 쓰길 권했어요. 아마 조금만 잘 구슬리면 대중적인 영화도 굉장히 잘 찍을 수 있을 거라는 기대가 있었던 것 같아요. 하지만 그때의 저는 타협하고 싶지 않았거든요. 도전적이고 세상과 부딪히는 뾰족한 영화를 만들고 싶었어요. 그렇게 제가 쓰고 싶은 글에 대한 욕망과 상업성이 계속해서 부딪히다 보니 준비하던 영화들이 엎어지는 경우가 많았습니다. 결국 저도 어느 정도는 타협을 하게 됐고, 저의 정체성을 해치지 않으면서도 대중들이 좋아할 만한 영화를 만들어야겠다는 생각이 들었어요. 그렇게 만든 첫 번째 영화가 「화이: 괴물을 삼킨 아이」였고, 그다음 작품이 「1987」이었습니다.

「1987」은 전통적인 영화의 틀을 따르고 있지만 플롯으로 볼 때는 상당히 도전적인 작품이었습니다. 굉장히 많은 주인공이 등장하는데, 그건 어떻게 보면 주인공이 없다는 말이기도 하거든요. 하정우, 강동원, 김태리, 설경구, 김윤석, 유해진 등등 각각 따로 보면 영화 다섯 편 정도는 찍을 수 있는 주연배우들이 영화 한 편에 모두 등장합니다. 대부분의 영화들은 한두 명의 주인공을 중심에 두고 이 인물에 감정이입을 시켜서 관객들의 호응을 이끌어내곤 하거든요. 하지만 「1987」은 '박 처장'이라는 악의 축을 두고 수많은 주인공들이 그와 부딪혀 깨져나가는, 마치 릴레이처럼 바통을 이어받는 구조였습니다. 그런 영화를 '주인공이 없다'가 아니라 '모두가 주인공이다'라고 생각할 수 있도록 하는 게 저에게는 큰 숙제였고 또 어려움이었습니다.

이런 구조는 관객들이 이야기를 따라가기 굉장히 힘들기 때문에 사람들이 쉽게 도전하지 못하는 방식입니다. 실제로 영화를 만들 때 많은 분들이 우려하기도 했던 부분이고요. 하지만 저는 이 구조가 우리가 하려는 이야기와 너무 잘 맞아떨어지는 플롯이라고 생각했습니다. 1987년은 그런 해였거든요. 한 사람의 힘으로 자유를 쟁취해낸 게 아니었습니다. 많은 국민들이 광장에 나와서 싸우고, 그들이 각자의 자리에서 자신의 양심을 지키며 해야 할 일을 했기 때문에 가능했던 기적과 같은 일이었죠. 결국 저는 이러한 방식의 플롯을 통해서 광장에 나온 국민들이 주인 공이라는 이야기를 하고 싶었습니다. 그래서 「1987」은 이야기로서도, 예술적인 가치로서도 제겐 도전적인 영화였죠.

'타협한다'라는 단어는 부정적으로 인지되는 경우가 많지만, 저는 타협이 반드시 나쁜 것만은 아니라고 생각합니다. 제가 상업영화를 하기 싫다고 고집을 부렸다면, 전통적인 영화의 틀을 따르는 영화는 만들지 않겠다고 고집을 부렸다면 「1987」은 탄생할 수 없었겠죠. 저는 제가 하고 싶은 이야기를 만들기 위해 가장 좋은 방식이 무엇일지를 고민했고, 그 결과 상업영화를 만들면서도 '영화감독 장준환'이 가진 아이덴티티는 잃지 않을 수 있었습니다.

창작하는 사람들에게 아마 가장 어려운 단어가 '타협'일 겁니다. 무섭거든요. 자신이 여태까지 만들고 쌓아왔던 것들을 한순간에 내던지는 것처럼 느껴지니까요. 하지만 여러분이 자신만의 강점을 잘 알고 있고, 그것을 정말 단단히 쌓아왔다면 그 시간들은 결코 쉽게 무너지지 않습니다. 오히려 새로운 것과 더해져 한 층 단단해지는 계기가 되기도 하죠.

저는 앞으로도 이런 이야기를 하고 싶습니다. 자신을 속이지 않고, 내가 가진 아이덴티티를 흩트리지 않으면서도 많은 사람들이 공감할 수 있는, 그런 이야기를 하고 싶습니다. 그러니 타협이라는 단어를 너무 나쁘게만 생각하지는 말아주세요. 자신의 강점을 알고 진심을 다해서 무언가를 꺼내 놓는다면, 사람들의 마음도 움직일 거라 생각합니다

박종철 열사나 이한열 열사를 소재로 한 영화를 만들려는 시도가 「1987」 이전에도 꽤 많이 있었다고 들었습니다. 하지만 어느 한쪽에 치우쳐서 이야기를 하다 보면 1987년을 그려낼 수가 없더라고요. 영화에 나오는 검사, 교도관 등 그 많은 사람들이 모두 정해진 그 자리에서 그렇게 행동하지 않았다면 1987년은 일어나지 않았을 수도 있는 사건입니다. 이 많은 인물들이 각자의 위치에서 각자의 역할을 하며 이야기를 끌고 나갈 때 「1987」이 비로소 완성됩니다.

그 많은 사람들을 하나하나 선명하게 조각해내고 인물들의 무게감을 잘 분배해 서울시청 앞 광장에 온 국민이 나오게 하기까지, 그 구조를 만드는 일이 저에게는 굉장히 큰 노력이었어요. 다행히 관객분들께서 이 복잡한 구성을 하나의 이야기로 잘 소화해주시고 호응해주시면서 이 영화가 저에게 더 큰 의미로 다가왔죠. 상업영화를 만들면서도 그 커다란 틀 안에서 제 정체성을 집어넣은 작품이 인정을 받았던 거니까요. 모두가 주인공인 영화는 그렇게 만들어졌습니다.

나만 할 수 있는 이야기를
꾸준히 쌓으세요

전
무
송

에잇,
나 연기 안 해

우리 아내가 음악을 좋아합니다. 거창하게 가수나 연주자가 되고 싶은 건 아니고, 여유가 되면 조그마한 학원에서 피아노를 가르치고 싶어 한 거죠. 그래서 시집올 때 딱 하나 가져온 게 그거였어요, 피아노. 그런데 그게 마음처럼 쉽나요. 남편이라고 있는 작자는 배우라고 하는데 어디 보이지도 않고, 돈 벌고 살림하고 애들 키우는 건 다 아내 몫이었던 거예요. 솔직히 저도 알고 있었어요. 큰아이 우윳값이 없어서 우리 어머니, 아버지에게 돈 몇 푼 빌리고 어디 모르는 데서 빚지고. 그런데도 그건 내 일이 아니라고 생각했어요. 내 역할은 열심히 연기해서 좋은 배우가 되는 거라고 믿었거든요.

그날도 똑같았어요. 저는 아침부터 드라마 센터에 연기 연습하러 나갈 참이었고, 우리 집 앞에는 낯선 트럭 한 대가 세워져 있었죠. 그런데 자세히 보니까 그 위에 피아노가 한 대 있더라고요. 우리 집 피아노가. 이상하다, 분명 그럴 리가 없는데. 부정을 해보려고 해도 맞아요. 이건 우리 집 피아노예요. 아내가 시집을 때 유일하게 들고 온 그 피아노. 차는 그렇게 떠났고 아내가 얘기를 해요. 그동안 우리 집이 어떻게 먹고살았는지. 손에는 대본이 떡하니 들려 있는데, 더 이상 욕심을 부릴 수가 없겠더라고요. 냅다 땅바닥에 던졌어요. "나 배우 그만할 거야. 내가 풀빵 장사라도 하면 우리 세 식구 못 먹고살겠냐. 이제 이런 거 안 해." 그런데 아내가 눈물을 흘려요. 그리고 땅바닥에 팽개쳐진 대본을 주워다가 내 손에 쥐여주면서 이러더라고요. "나는 연극하는 배우 전무송하고 결혼한 거지, 풀빵 장수하고 결혼한 거 아니야."

이런 이야기를 들으면 이쯤에서 기대할 수밖에 없어요. 결국 멋진 배역을 맡아서 한 방에 인생 역전을 했겠지? 아니에요. 내가 올해로 연기 58년 차인데, 인생은 드라마처럼 멋지지 않더라고요. 죽기 살기로 연습하고 공연해서 겨우 「만다라」라는 영화를 찍게 됐고 간신히 지고 있던 빚만 청산했죠. 내 연기 인생 58년이 그래요. 쉬지 않고 연극하고, 텔레비전에 출연하고, 영화를 찍고. 한 번 한 번의 아주 작은 기회들이 모여서 여기까지 왔어요. 지금이야 우리 이름 앞으로 달린 집도 있고 차도 있지만 기쁜 날

보다 힘든 날이 배로 많았어요. 신문 배달은 기본이고, 점심시간에 요정(객실과 연회석이 마련되어 있고 유흥업 종사자가 손님 옆에 앉아 술시중을 드는 유흥 음식점)에 가서 오는 사람들 신발이고 구두고 광나게 닦아주고. 먹고살려고 참 많은 일을 했습니다. 단지 연기가 너무 하고 싶어서.

왜 이렇게 기운 빠지는 이야기를 먼저 하냐 하면 이게 우리가 인정해야 하는 현실이기 때문이에요. 배우의 삶, 예술가의 삶은 보이는 작품만큼 아름답지 않아요. 그럼 지레 겁을 먹고 포기를 해야 하냐. 그런 건 또 아니에요. 나를 보면 알잖아요. 나는 여전히 배우예요. 그리고 앞으로도 배우일 거예요.

내가 하고 싶은 말은 이거예요. 현실은 알되, 긍정적으로 나아가자. 누구나 전 국민이 우러러볼 만큼의 성공을 할 수는 없지만, 그렇게 되지 못한 모두가 실패한 인생을 산 건 아니에요. 굳이 1등이 되지 않아도 우린 여전히 배우일 수 있고, 예술가일 수 있다는 거죠.

반세기가 넘는 시간 동안 연기를 해온 저는 여전히 인생이 어렵고, 해결해야 할 문제도 많습니다. 그래도 누군가 저에 대해 물어오면 자신 있게 설명할 수 있습니다. "안녕하세요. 저는 배우 전무송입니다."

어느 날 아침에 집에서 나오는데 차가 하나 와서 피아노를 실어 나가더라고. 이거 어떻게 된 거냐고 깜짝 놀라 물어보니 우리 애 엄마가 그동안 뭐 먹고살았는지 이런 얘기를 해요. 참 뭐랄까, 표현할 수 없을 만큼 착잡해지더라고……. 그래서 들고 있던 대본을 휙 집어던지면서 이렇게 말했죠. "나 연극 안 해. 내가 풀빵 장사라도 하면 우리 세 식구 못 먹고살겠냐. 나 이런 거 안 해."

근데 아내 눈에서 눈물이 흘러요. 그러면서
나 연극하는 배우 전무송하고 결혼했지, 풀
빵 장수하고 결혼한 거 아니래요. 순간 얼굴
이 뜨거워지면서 '아, 내가 이러고 있을 때가
아니구나' 하고 생각했죠. 그러다가 영화 「만
다라」를 찍으면서 간신히 빚을 갚았고 하루
하루 연극이다 드라마다 기웃거리면서 여기
까지 오게 되었죠.

모방과
캐릭터

1981년 9월에 영화 「만다라」라는 작품이 개봉했습니다. 그 당시에 40만 명이 볼 정도였으니, 꽤 유명한 작품이었죠. 아마 이 책을 읽는 대부분의 분들은 모를 거예요. 40년이라는 세월이 흘렀으니까. 그런데 그렇게 오래된 영화가 어째서인지 나한테만은 잊히지가 않아요. 내 영화 인생의 시작이었으니까요.

어느 날 낯선 사람에게서 전화가 한 통 옵니다. 같이 영화 해 볼 생각 없냐고. 기회였습니다. 연극에서 영화로 장르를 확장할 수 있는 데다 감독이 임권택. 거절할 이유가 없었어요. 근데 어찌 된 일인지 입에서 엉뚱한 말이 튀어나왔습니다. "원작 소설을 읽어보고 결정하겠습니다." 아마 좋은 기회니만큼 신중하고 싶었던 거겠죠. 당시 톱스타의 영화 출연료가 300~500만 원이었습니다. 튕김의 효과인지 기대감인지, 제 개런티도 어느새 100만 원에서 300만 원으로 올랐죠. 그런데 최종적으로 문제가 하나 더 있었습니다. 배역이 스님이더라고요. 그것도 깊은 깨달음을 얻은 스님.

그때까지 맡은 역할 중 단연코 쉬운 역이 하나도 없었습니다. 이몽룡, 마의태자*, 햄릿태자**. 그런데 이번에는 격이 좀 다르달까. 아무리 생각해도 스님만의 말투, 스님만의 표정, 스님만의 분위기가 생각나지를 않는 거예요. 그래서 결정했죠. '이러지 말고 절에 가서 그분들이 어떻게 걷는지, 어떻게 공양을 하는지, 어떤 옷을 입고 어떤 수행을 하는지 직접 보자.' 그렇게 결심을 하고 짐을 싸려는데 연출부에서 연락이 왔습니다. 제가 맡은 배역의 실제 모델이 서울 어느 절에 계시니 한 번 만나보는 게 어떻겠냐고요. 당연히 오케이라고 했죠.

약속은 내일로 다가왔고 저는 이른 잠에 빠졌습니다. 그런데 긴장해서 그런지 잘 때도 스님 꿈을 꾸더라고요. 꿈속에서 승복을 입은 스님이 누더기 가방을 메고 산을 올라갑니다. 터벅터벅. 터벅터벅. 그런데 가만히 보니까 얼굴이 나예요. 대본을 읽으면서 상상했던 나의 모습인 거죠. 그러다 갑자기 복장하고 배경이 변해요. 누더기 봇짐은 연습 끝나고 끓여 먹을 라면 한 봉지가

---

* 　신라 경순왕의 태자로, 경순왕 9년(935)에 신라가 고려에 항복하자 이에 반대하여 금강산으로 들어가 풀뿌리와 나무껍질을 먹으면서 여생을 보냈다고 한다.

** 　동랑 레퍼토리 극단의 안민수가 셰익스피어의 「햄릿」을 각색, 연출한 작품의 주인공.

담긴 가방으로 변하고, 산속 오르막은 드라마 센터로 향하는 계단으로 변해 있어요. 그리고 꿈에서 깼습니다.

우습겠지만 그런 생각이 들었어요. 영화 「만다라」 속 지산 스님이 깨달음을 얻기 위해 10년 동안 떠돌아다니며 수행을 했는데, 그게 내가 배우가 되기 위해 보낸 15년과 뭐가 그렇게 다를까. 둘 다 원하는 삶과 원하는 깨달음을 얻기 위해 노력한 인생이지 않겠는가. 그 생각이 드니까 할 수 있겠더라고요. 스님 연기를. 죄송스럽지만 스태프에게 다시 연락을 했죠. 지금 상황에서 그분을 만나봤자 흉내 내는 연기밖에 더 되지 않을 것 같았어요. 결국 그렇게 촬영은 시작되었고, 다행히 제 나름대로의 지산 스님을 연기했습니다. 그리고 그 영화는 2008년 CNN에서 뽑은 아시아 역대 최고 영화 중 한 편이 되었죠.

한번은 「생일파티」The Bitrthday Party」라는 공연을 준비하고 있는데, 유덕형 연출 총장님이 와서 그러더라고요. "너 왜 리처드 버튼이 되려 그러냐. 네가 백날 로켓 달고 쫓아가 봐라, 리처드 버튼이 될 수 있나." 그 말을 듣고 '그렇지, 내가 어떻게 리처드 버튼을 따라가' 하고 있는데, 총장님이 다시 말했어요. "근데 리처드 버튼도 널 못 따라와. 왜냐. 그건 너니까."

내가 누군가를 롤 모델로 삼는다는 거는 그 사람처럼, 혹은 그 배우처럼 되고 싶은 거란 말과 같아요. 아주 기본적으로 생각하면 그 사람을 흉내 내기 시작하는 거죠. 물론 그 과정에서 도움이 될 수는 있어요. 하지만 나를 버려서는 안 돼요. 어떤 캐릭터를 표현하고 싶다면, '내가 만일 그 캐릭터라면'으로 시작해야지, '그 사람은 이 캐릭터를 어떻게 표현했더라'로 시작되어서는 안 된다는 거예요.

연기라는 건, 혹은 예술이라는 건 캐릭터를 창조하는 겁니다. 그리고 창조라는 말답게 그렇게 만들어진 캐릭터는 같을 수가 없어요. 아니, 같아서는 안 돼요. 그렇다면 도대체 어떻게 해야 되느냐. 그건 스스로 찾아야 해요. 자기가 가지고 있는 무기는 자기밖에 모르니까. 아무도 대신해줄 수 없어요. 누가 알았겠어요. 10년 동안 고행을 떠난 스님을 연기하는 데 15년 동안 죽어라 연기 연습했던 시간이 도움이 될지. 지금 내가 표현하려고 하는 작품, 연기, 그림, 노래, 캐릭터. 그것과 연결할 수 있는 나만의 무기를 끊임없이 고민해보세요. 아주 작고 사소하고 혹은 숨기고 싶을 만큼 지질할지라도 그게 여러분이 창조할 캐릭터의 단서가 되어줄 겁니다.

어느 날 전화가 한 통 왔어요. 영화 찍을 생각 있냐고. 당연히 하겠다고 했지요. 그런데 배역을 받은 게 내가 생전 안 해본 스님이에요. 과연 이걸 내가 어떻게 소화하느냐 고민되었죠. 물론 절에 가서 스님들의 모습을 보고 그분들이 어떻게 걷는지 어떻게 공양을 하는지 어떤 옷을 입고 어떤 수행을 하는지 보면 돼요. 근데 보이지 않는 곳에 어떤 마음이 있는지를 통 모르겠는 거예요. 그런 와중에 모델로 삼은 스님이 서울 어느 절에 계시니까 한 번 만나서 가르침을 받는 게 어떻겠냐고 연출부에서 연락이 왔어요. 그러마고 약속을 했어요.

약속 전날 잠을 자는데 꿈속에서 내가 생
판 입어보지도 않았던 승복을 입고 가방을
메고 산을 올라가더라고요. 근데 순간, 내
가 평시 입고 다니는 복장에 가방 하나 메고
드라마 센터로 들어가더라고요. 그 순간에
'아! 그 스님이 나구나' 하면서 깼어요. 일어
나 앉아 생각했죠. 지산 스님이 깨닫기 위해
서 10년 만행을 한 거나 내가 배우가 되기
위해서 15년 훈련을 했던 것이나 그게 그거
아닐까. 바로 스태프에게 전화를 걸어 미안
하지만 스님을 만나지 않는 게 좋을 것 같다
고 했어요. 그리고 「만다라」를 찍었죠.

예술
왜 해요?

"왜 하필 배우가 되었냐"라는 질문을 많이 받아요. 그럴 만도 하죠. 지금도 마찬가지겠지만 그 시절에 배우로 먹고살기란 정말 힘들었으니까요. 상황이 그렇다 보니 멋들어진 대답을 해주고 싶은데, 거짓말은 못하겠네요. 맞아요, 그냥 멋있어 보여서 했어요. 배우 신성일 같은 청춘스타가 되고 싶었던 거지요. 당시 내가 다니던 직장이 꽤 괜찮았어요. 국가에서 운영하는 인천기계공작처라는 공장이었는데, 지금으로 치면 공기업이라고도 할 수 있을 만큼 탄탄한 곳이었죠.

하루 일고여덟 시간씩 3교대로 근무했어요. 근데 웬걸 운도 지지리도 없지, 나는 늘 밤 12시부터 다음 날 아침 7시까지 근무에 걸려 있더라고요. 다행히 일은 어렵지 않았어요. 새벽녘에 혼자 쇠가 잘 깎이고 있나 쳐다보고 있으면 되는 업무였죠. 사방은 쥐 죽은 듯이 조용하고 기계만 위잉 위잉 돌아가요. 그러다 보면 어느새 옆에 깎여 나간 쇳조각들이 수북하게 쌓여요. 군데군데 녹이 슨 채로. 그런데 그날따라 새벽 감성에 취해서인지 그게 내 인생 같은 거예요. 내 인생이, 내 젊음이 의미 없이 깎여 나가 녹

슬고 있는 것 같았죠. 그 생각이 든 순간부터는 더 이상 거기에 있지를 못 하겠더라고요. 천천히 죽어가는 것 같아서.

그래서 몸 아프다고 거짓말하며 결근하고 집에 있으면 욕먹으니까 밖에 나갔죠. 그때 영화를 보러 다녔어요. 대단한 이유가 있던 게 아니라 시간이 금방 가니까. 두 편, 세 편 보다 보면 하루가 다 가 있었고, 집에 돌아올 즘에는 문득 이런 생각을 하게 된 거죠. "아, 멋있네……." 그게 시작이었어요. 솔직히 말하면 자신도 있었던 것 같아요. 그땐 정말 잘생겼다고 생각했거든요. 나도 주변 사람들도. 그래서 아는 사람들한테 묻고 물어서 드라마 센터에 1기로 들어갔을 때는 가슴에 불이 솟았죠. "신성일, 기다려라. 나도 이제 스타가 된다."

"야 이 자식아, 그게 술 취한 거냐, 깡패 걸음걸이지, 제대로 안 해?" 첫 공연에서 혹평을 들었을 때 제가 얼마나 슬펐을지 짐작하시겠지요. 심지어 대사도 "여보게 국서, 우리 집 타작은 모레니까 그때 오게. 실컷 술대접할 테니까"라는 딱 한 줄이었는데 이걸 못 외워서 자꾸 혼이 나고 진짜 술까지 마셔가면서 술 취한 연기를 했는데도 안 되더라고요. 머릿속에는 햄릿이 돼서 "죽느냐 사느냐 그것이 문제로다"를 외치는데 현실은 시궁창이었던 거죠. 그날, 혼자 포장마차를 가는데 주먹만 한 눈이 내렸어요. 그 눈에 묻혀서 나도 울고, 없는 돈 탈탈 털어 막걸리 한 되를 마시고 인정했습니다. "그래, 나 신성일 아니다. 아니, 못 된다. 근데 두고 봐라. 나, 배우는 될 거다. 배우가 될 거야!"

그때부터 분장실에서 자고 의상실에서 자고 아무것도 안 보고 연습만 했습니다. 선생님 말마따나 깡패가 모범생이 된 거죠. 그렇게 1년이 지나 새로운 연극의 주인공을 선정할 때가 왔죠. 「춘향전」이라는 연극을 시작한다길래 솔직히 기대했습니다. 역졸이라고 암행어사가 출두하면 옆에서 출두했다고 방망이 들면서 거드는 역할을 하고 싶었어요. 시켜주시기만 하면 열심히 하리라 다짐하고 있는데, 선생님이 말했습니다. "전무송, 이몽룡." 뭘 잘못 들었나 했습니다. 어벙하게 서 있는데, 다들 저를 쳐다보면서 웃더라고요. 그러면서 가슴에 불꽃이 한 방 파콱 튀어요. "거봐! 내가 될 수 있다고 했잖아!"

그 뒤로 멋있는 역 정말 많이 했습니다. 그런데 이젠 그런 게 기쁘지 않더라고요. 그 배역을 연구하는 과정, 내가 연구한 나만의 배역을 보여주는 시간, 그리고 내 연기를 보고 웃고 우는 사람들의 풍경. 그런 게 좋아졌어요. 내 입으로 말하긴 그렇지만,

철부지 어린아이가 사람이 된 거지요.

"왜 배우가 되었습니까?" 그것만큼 답하기 어려운 질문이 세상에 또 있을까요? 왜냐하면, 계속 바뀌니까요. 멋있어서. 연기하는 게 즐거워서. 열심히 번 돈으로 가족들을 행복하게 해줄 수가 있어서. 58년의 연기 인생 동안 배우가 된 이유, 목적은 끊임없이 달라졌습니다. 그래서인지 끊임없이 묻기도 하고요. 나는 왜 배우가 하고 싶을까. 왜 이렇게 힘든 걸 계속하는 걸까. 나는 지금도 그 숙제를 풀어가고 있는 중이에요.

사람들은 신기하게도 남들이 잘 안 하는 거를 할 때는 꼭 이유를 묻습니다. 그것도 멋들어진 이유를. 그러다 보니 나도 그런 이유를 찾아 헤매요. 없다면 지어내기도 하고. 대학을 가야 하고 직장을 다녀야 하는 것에 대한 이유는 너무도 쉬운데, 유독 배우를 하고 예술을 하는 것에 대한 이유만 어렵고 멋져야 할까요. 그러지 않아도 돼요. 나처럼 멋있어서 시작해도 좋고, 또 그 이유가 당장 내일 바뀌어도 좋아요. 중요한 건 내가 고민하고 선택해본다는 데 있습니다. 이유를 지어내느라 시간을 쓰지 마세요. 그냥 지금 머릿속에 떠오르는 그 말. 별것 없고 추상적인 그 말이, 가장 솔직한 이유입니다.

내가 첨에 연극학교 들어간다 그랬을 때 집에서 쫓겨났어요. 딴따라 한다고. 판검사 해야지 어떻게 그런 거 하냐고. 내 입으로 말하기는 그렇지만, 이래 봬도 공부를 꽤 잘했거든요. 근데 연기가 좋은 걸 어떻게 합니까. 아버지 몰래 눈치 보면서 연기 배우러 다녔죠.

그러다 「마의태자」 연극을 했을 때 우리 아버지가 처음으로 내가 공연하는 걸 보러 왔어요. 나를 쫓아낼 정도로 반대했던 분이. 다른 사람들은 그런 사정을 모르니 연극이 끝나고 나서 우리 아버지에게 이렇게 말하는 거예요. "훌륭한 아들 두셔서 좋으시겠습니다." 그때 우리 아버지 입이 귀에 걸리더라고요. 평소에는 그렇게 무겁기만 했던 그 입이. 그걸 보고 생각했어요. 연기하길 참 잘했다.

완벽하지 않다는 건
할 수 있는 이야기가 많다는 뜻

배우를 하는 데 도움이 되는 재능은 참 많습니다. 발성, 감정 표현, 목소리, 외모 등등. 그중에서 가장 부러운 재능이 있는데 바로 암기, 외우는 능력이에요. 실제 연기 생활을 하다 보면 정말 빠르게 잘 외우는 사람들이 있어요. 대충 한 번 훑어본 것 같은데 대사를 술술 하는 사람들. 나는 딱 반대쪽에 위치한 사람이었습니다. 아무리 읽어도 안 외워지고 다 외운 것 같은데 생각이 하나도 안 나더라고요. 어떨 때는 눈물이 났어요. 뒤에 대사를 외우다 오히려 앞에 외웠던 것들을 까먹어서. 당연한 거지만, 그렇다고 시간을 더 주지는 않아요. 오히려 내가 남보다 시간을 더 써야 하는 문제인 거죠.

그래서 대사를 외우기 힘들다고 토로하는 후배들을 보면 안타깝고 짠해요. 나도 그랬으니까. 한때는 어떻게 답을 줘야 하나, 무슨 말을 해야 도움이 될까 고민해본 적도 있습니다. 그런데 답은 결국 똑같아요. "반복해서 외우고 또 외워라." 58년이 지난 지금도 잘 안 외워지는데 어떻게 내가 비법을 알려줄 수 있겠어요. 해줄 말이라고는 별게 없습니다. 너무 안 외워져서 절망해도 괜찮고 화가 날 땐 울고 대본을 땅바닥에 던져도 괜찮다고. 그런데, 그렇게 하고 다시 외워보자고. 남들은 한 번에 열 계단 오를 거 나는 반 계단밖에 오르지 못해도 꾸준히 오르다 보면 그 시간이 오히려 내 재능이 된다고 이야기를 해줘요.

배우한테는 이야기가 필요합니다. 똑똑한 사람의 이야기, 철없는 사람의 이야기, 완벽한 사람의 이야기, 너무 부족해서 자기가 싫어진 사람의 이야기 등등. 단순히 대사 못 외우는 사람의 이야기가 아니라, 절실하게 원하는 꿈 앞에서 좌절하고 그러다 다시 일어나는 이야기가 생기는 거예요. 그래서 재능이 부족하다는 게 배우를 하지 못하는 절대적인 이유가 될 수는 없어요. 오히려 그게 또 다른 재능을 불러올 수도 있으니까.

이런 말이 있습니다. '배우는 누구나 할 수 있고, 누구나 될 수 있다. 그러나 아무나 하는 것은 아니다.' 이 말에 대한 내 해석은 이렇습니다. 재능이 있는 사람도 재능이 없는 사람도 배우를 하다 보면 분명 좌절하는 순간이 와요. 그게 어떤 이유가 되든. 그런데 가장 중요한 것은 그래도 계속해야 한다는 거예요. 그 과정조차 나의 이야기가 될 수 있기 때문에.

일약 스타가 되고 싶다면 분명 재능은 필요할 거예요. 그런데 오래도록 예술, 창작을 하고 싶다면 좌절은 큰 도움이 될 수도 있어요. 고통이 많다는 건 그만큼 보여줄 것, 표현할 것이 많아진 다는 말이니까. 천재가 될 수 있는 방법을 알려줄 수 있다면 더할 나위 없이 좋겠지만, 나는 해줄 수 없습니다. 그럴 능력도 없고요. 그저 좌절도 재능이 될 수 있다는 이야기를 해주고 싶어요. 재능 이 없다는 게 꼭 포기해야 할 이유만 되는 건 아니라는 말을.

아무리 노력해도 안 되는 일도 있어요. 그럴 땐 무작정 절망하지 말고 자신을 믿어봐요. 믿고 또 하고 또 하고 또 해요. 절실하게. 화가 나거든 울어요. 괜찮아요. 그 과정을 겪으면 나중에 멋있는 추억으로 이야기할 수 있으니까. 나도 연기 못해서 얻어맞고 지지리 가난했던 얘기도 털어놓잖아요.

그런 추억이 많은 사람 역시 훌륭한 배우가 될 수 있어요. 할 이야기가 많다는 건 그만큼 치열하게 살아왔다는 거고, 너른 인생의 폭을 갖고 있는 사람이라는 말과 같아요. 어떤 의미로는 그게 더 중요한 재능일지도 몰라요. 완벽하지 않다는 것은 할 수 있는 이야기가 가장 많다는 말과 비슷하니까.

꿈꾸기 위해서라면

정진영

1980년
겨울의 눈

어떻게 배우의 길을 걷게 되었냐는 질문을 받으면 제가 항상 하는 이야기가 있어요. 바로 1980년의 눈입니다. 저는 1980년의 눈 때문에 이 길로 들어섰다고 생각해요.

어린 시절 다니던 교회에서 연극을 한 적이 있었습니다. 당시에는 교회가 종교 생활을 위한 장소만이 아니었거든요. 교회에 가면 맛있는 것도 많이 주고, 동네 친구들은 다 거기에 모여서 놀고, 공부를 가르쳐줄 형, 누나들도 있었죠. 말하자면 청소년들의 문화센터 같은 느낌이었어요. 저 역시 교회에 꼬박꼬박 다녔죠. 크리스마스 같은 특별한 날이 오면 교회에서 연극을 했는데, 제가 다녔던 교회는 종교적인 작품이 아니라 「햄릿」, 「로미오와 줄리엣」, 「리어왕」처럼 유명한 극본들로 연극을 했어요. 당시로선 파격적인 선택이었죠.

고등학생이 되던 해에 처음으로 연극에서 주인공을 맡게 되었습니다. 출연자가 단둘이라, 딱히 주인공이라고 할 것도 없는 연극이었는데도 밤낮없이 연습을 했어요. 크리스마스 단 하루, 겨우 몇십 분 정도 하는 연극에 뭘 그렇게 매달리냐고 주변 사람들의 핀잔 섞인 놀림을 듣기도 했습니다.

크리스마스 당일, 피나는 연습 덕이었는지 다행히 공연은 성공적이었습니다. 어른들의 칭찬과 친구들의 호들갑에 잔뜩 들뜬 상태에서 집으로 돌아가고 있었죠. 버스에서 내려 집까지 짧은 길을 걸어가는데 눈이 가득 쌓여 있는 길가에 노란 빛의 가로등이 스포트라이트처럼 제 앞을 비추고 있었어요. 그걸 보는 순간 공연에서 제가 느꼈던 희열이 한꺼번에 다가왔습니다. 어떤 말로 표현할 수 있을까요. 기쁨이라고 표현하기엔 너무 크고, 즐거움이라는 말에 담기에는 너무 벅찬. 정말 말로 형언할 수 없는 감정이었어요.

그때 가로등 불빛 아래에서 흩날리는 눈발을 보며 처음으로 생각했습니다. 그래, 이런 일을 하면서 살아야겠다. 이렇게 가슴 떨리는 일을 해야겠다. 이렇게 즐거움에 몸부림칠 수 있는 일을 해야겠다. 행복할 수 있는 일을 해야겠다. 그게 제가 기억하는 1980년 겨울의 눈입니다.

여러분들도 그런 경험 한 번쯤 해보셨을 거예요. 너무 힘들게 무언가를 준비하고, 결국 해냈을 때 느껴지는 벅찬 감동 같은 것. 약간은 지치고 들뜬 기분으로 집에 들어가는 길에 노오란 가로등 아래에서 느꼈던 알 수 없는 감정들 같은 것 말이에요. 만약 느껴보지 못하셨다면, 어떤 일이 그런 감정을 느끼게 하는지 꼭 찾아보셨으면 좋겠어요. 그리고 그런 감정이 들게 하는 일을 좇아서 사셨으면 해요.

누군가는 그렇게 말할 수도 있습니다. 그런 사소한 감정이 어떻게 평생을 바칠 만한 이유가 되냐고. 하지만 꿈을 택하는 데에 있어 반드시 합리적인 이유가 필요한 건 아닙니다. 아무도 공감하지 못하더라도, 내가 느꼈던 어떤 절절한 감정 같은 것이 있다면 그 감정을 믿어보세요.

저는 지금까지 연극을 하면서도 1980년 겨울, 그 가로등 불빛 아래서 느꼈던 감정을 계속 떠올리면서 살곤 합니다. 누군가는 합리적이지 않다고 말할지 몰라도 제게는 그 기억이 좌절에서 벗어나게 해주는 원동력이자 이 일을 계속하게 만드는 힘이니까요. 그리고 누군가 제게 왜 이 일을 하게 되었냐고 물으면 그날의 기억을 꼭 얘기해줍니다.

제가 대학에 다닐 때는 연기를 할 만한 공간
도, 기회도 많지 않았어요. 학생 운동이 아
니라 연기를 한다는 것이 사치스럽게 느껴
지기도 했고요. 그래서 그땐 파업 현장이나
대학교의 집회 등에서 공연을 했습니다. 사
회적인 메시지를 담은 연극들이죠.

어느 날은 탄광촌에 가서 공연을 했어요. 어느 지방의 교회였는데, 저희 앞에는 햇빛을 못 봐 얼굴이 새하얀 탄광 노동자분들이 앉아 계셨어요. 그런데 그분들이 옆으로 살짝 돌아앉아 연극을 보시는 거예요. 그 연극이 그분들의 삶을 계속해서 건드는 이야기였던 거죠. 그런 이야기를 외면할 순 없지만, 차마 똑바로 마주하기는 너무 힘드셨던 겁니다.

그걸 보면서 저는 좀 힘을 얻었어요. '내가 연극으로 표현하고자 하는 것이 세상에 무슨 도움이 될까. 이건 단지 나의 호사가 아닌가?' 그런 고민에 자책감이 들기도 했던 시기였거든요. 그런데 생생한 삶의 현장에서 연극을 하면서 내가 하고 있는 일이 이 세상의 누군가에게는 도움이 될 수도 있다는 걸 깨달았어요. 내가 좋아하는 이 일을 하면서 계속 살아갈 수 있겠다는 생각이 들었죠.

한 우물만 파면
물을 하나밖에 얻을 수 없다

가끔 내 뜻대로 되는 일이 하나도 없고, 세상 모든 것들이 나를 방해하고 있는 것 같은 기분이 들 때가 있지 않나요? 저도 그런 경험이 있습니다. 한창 잘나가던 시절에 다리가 부러져서 모든 계획이 틀어졌던 적이 있거든요. 당시엔 공연도 활발하게 하고 있었고, 새로운 영화에도 캐스팅이 된 상태였어요. 주연 배우가 걸을 수 없으니 당연히 출연은 불발되었죠. 모든 일이 잘 풀려가고 있었는데 생각지도 못했던 사고로 앞길이 가로막히고 나니 절망스럽더라고요. '아, 이 길은 내 길이 아니구나' 하는 생각을 하면서 집에 틀어박혔어요. 상실감 때문에 다른 일을 하지도 못했고, 실제로도 허벅지 뼈가 부러지는 큰 부상이라 회복에도 정말 오랜 시간이 걸렸습니다.

그 이후 복귀를 해보겠다고 새로운 영화 캐스팅 오디션에 갔는데, 거기에 계시던 감독님께서 저한테 얼토당토않게 연출을 해보면 어떻겠냐고 하시더라고요. 그래서 제가 말했어요. "감독님. 대학생 때 제 꿈이 그거였긴 한데, 지금은 너무 멀리 왔잖아요." 그때 제가 30대 초반이었거든요. 지금 생각하면 참 어린 나이였는데 그 당시엔 이제 와서 시작하기엔 늦은 나이라고 생각했어요. 그랬더니 감독님께서 아니라고, 늦지 않았다며 같이 파리에 가자고 하시는 거예요. 가서 배우랑 연출을 같이 하고, 거기에서 학교를 다니면서 영화 공부도 해보라고요. 정말 말도 안 되는 소리라고 생각하면서도 제가 그 유혹에 넘어가버렸어요.

그런데 아무리 기다려도 연락이 오질 않는 거예요. 그분이 파리에 가시고 몇 달이 지났는데도 소식이 없었습니다. 저는 자취방도 내놓고, 다른 작품들도 모조리 거절하면서 파리에 갈 날만 기다리고 있었거든요. 겨우겨우 연락이 닿아 소식을 물어봤는데 영화가 엎어졌다고 하더라고요. 그땐 정말 세상이 나에게 왜 이러나 하는 생각밖에 들지 않았습니다. 다시 다른 역할을 찾아보려고 해도 저는 이미 연기에서 마음이 뜬 상태였어요. 그 상태로 대본을 봐도 눈에 들어올 리가 없었죠.

그렇게 연기로는 돌아가지 못한 채 연출부 막내로 한 작품을 겨우 끝내고, 시나리오도 몇 개 건드려 보면서 어영부영하다가 결혼을 하게 됐어요. 다들 아시겠지만, 살면서 기회를 잡는다는 게 정말 쉽지가 않거든요. 저는 이미 많은 기회를 놓친 상태였고 다시 돌아갈 수 없을 거라 생각했어요. 어떻게 살아야 할지를 고민하고 있는데 아내가 당신 예전에 연기했던 거 알고 있다면서 연기를 다시 해보면 어떻겠냐고 하더라고요. 많이 늦었다는 생각이 들었지만 아내의 지원 덕분에 다시 연기에 조심스레 발을 들였습니다. 연기에 열정이 식었다고 생각했는데 오랜만에 카메라 앞에 서는 일이 굉장히 재미있더라고요. 그게 다시 절 연기로 끌어당긴 계기가 되었고, 그날 이후로 지금까지 연기를 하고 있습니다.

이렇게 길고 장황하게 옛날 얘기를 한 이유는, 반드시 한 우물만 파고 들어갈 필요가 없다는 말을 하고 싶어서입니다. 일로매진一路邁進이라고 하죠. 하나의 목표를 가지고 거침없이 한 길로 나아간다는 것, 참 멋있는 말이잖아요. 하지만 저는 그러지 못했습니다. 그렇기 때문에 동료 배우들에게 쑥스럽거나 죄송스러울 때가 있었어요. 그런데 시간이 지나서 돌아보니 굽이져 있던 그 복잡한 길들이 다 지금의 삶으로 통하는 길이 아니었던가 하는 생각이 들어요.

결국 저는 어떤 꿈이라는 목표를 향해 가는 '한 가지 길'이라는 건 존재하지 않는다고 생각합니다. 반백 년을 살았는데도 원하는 삶을 향해 가는 정확한 길이라는 건 알 수가 없더라고요.

인생이란 건 게임처럼 순서가 정해져 있는 것이 아니고, 드라마라면 개연성이 없다고 욕먹을 만한 일들이 현실에서 비일비재하게 일어나기도 해요. 그러니 함부로 어떤 길을 '바른길'이라고 정의 내리지도 말고, 그 길 안에 자신이 제대로 들어가 있는지도 고민하지 마세요.

한 가지 제가 감히 말할 수 있는 건 끊임없이 꿈을 위해 무언가를 해나가야 한다는 것입니다. 사람은 뭘 하나 경험해야 그다음 경험할 게 나온다고 생각합니다. 시작점부터 목적지까지 이어진 탄탄대로가 있는 것이 아니라 징검다리 같은 거죠. 한 발 한 발 가다 보면 그다음에 놓인 징검다리 돌이 보이거든요. 그런데 앞이 잘 안 보인다고 해서 그 한 걸음을 딛지 않으면 다음 돌다리가 보이지 않아요.

제가 연기와 연출 사이에 방향을 잡지 못하고 혼란스러울 때에도, 저는 그 순간순간에 계속해서 무언가를 해왔어요. 시간이 지나 돌아보니 앞의 상황에서 내가 했던 일이 지금의 저에게 어떤 기회나 상황을 만들어주더라고요. 만약 제가 눈앞에 보이는 것이 없다고 손 놓고 있었더라면 뒤늦게 다가온 기회도 허망하게 놓쳐버렸겠죠.

사람은 뭘 하나 경험해야 그다음으로 경험할 게 나온다고 생각합니다. 어떤 목표점이라는 것에 너무 강박을 갖지 말고 한 발 한 발 가다 보면 그다음 징검다리 돌이 보이거든요. 그런데 목표점이 보이지 않는다고 한 걸음도 내딛지 않으면 그다음 돌다리가 보이지 않아요. 전혀 엉뚱한 돌을 딛게 되기도 하고요. 그러니까 항상 한 걸음을 디뎌야 해요. 그렇다고 너무 부담을 느낄 필요까진 없어요. 그저 무언가 자신이 갖고 있는 관심사에 대해서 집중을 하고, 그것으로 끊임없이 자신에게 질문을 하는 것, 그 두 가지만 기억하시면 됩니다.

전 그렇게 생각합니다. 어떤 목표점이라는 것에 너무 강박을 갖지 말고, 작지만 꼭 필요한 '한 걸음'을 디뎌야 한다고요. 살면서 자신에게 다가오는 과제들을 하나하나 해나가다 보면 기대하지 못했던 일들이 벌어지는 순간이 있습니다. 그 기회는 도망치지 않고 멈추지 않았던 사람들에게만 찾아옵니다. 그러니 끊임없이 욕망을 가지고, 꿈을 가지고, 묵묵히 매 순간을 성실하게 살아가시길 바랍니다.

재능 없는
사람들의 힘

연기자, 혹은 연출가를 꿈꾸는 학생들을 만났을 때 가장 많이 듣는 고민이 "제게 재능이 있는 걸까요? 저는 아무래도 재능이 없는 것 같아요"입니다. 살아가다 보면 대부분의 사람들이 한 번쯤 하게 되는 고민이죠. '재능'이라는 건 분명 존재하고, 내가 며칠 밤을 새워 겨우 해내는 일을 재능 있는 사람들이 몇 시간 사이 뚝딱 해내는 걸 보면 막 질투가 나거든요.

자신에게 재능이 있는지 알아보는 가장 쉬운 방법이 있어요.

"내가 재능이 있나?"라는 의심이 든다면, 재능이 없는 겁니다. 재능이 있는 사람들은 자신도 그걸 알아요. 그리고 대부분의 사람은 재능이 없습니다. 그런데 여기서부터가 중요합니다. 진부한 말이지만 재능만 갖고는 되지 않아요. 애정이 있어야, 사랑해야 비로소 평생을 바칠 수 있는 나만의 일이 되거든요. 그래서 저는 여러분들이 재능이 있는가 없는가를 고민하는 대신 내가 그 일을 정말 사랑하는지 아닌지만 생각했으면 좋겠어요.

사실 저도 이 일을 오래 하고 있지만, 스스로 재능이 없는 사람이라고 생각합니다. 재능 있는 친구들이 연기하는 걸 보면 다르거든요. 하지만 저는 이 일을 사랑은 했던 것 같아요. 지금도 배우로서의 재능을 계속해서 의심하지만, 이 일을 하고 있는 이유가 바로 그거예요. 사랑하니까요.

연기는 재미있는 일이에요. 혹시라도 연기를 할 기회가 생기면 꼭 시도해보라고 권하고 싶어요. 부끄러움이 많은 분들도 처음에는 힘들어하시지만 막상 무대에 오르면 굉장히 재미있어 하는 걸 많이 봤어요. 그런데 그렇게 재미있는 일을 하는 배우가 힘든 이유는, 잘해야 된다는 의무감이 들기 때문이에요. 그래서 배우란 일을 직업으로 삼고 있는 사람들은 재미와 힘듦을 동시에 지고 나가는 사람들입니다. 그건 시간이 흐른다고, 연차가 쌓인다고 해소되지 않아요. 평생 감당 해야 할 몫이고 끊임없는 줄타기입니다.

많은 분들이 아마 그런 이유로 꿈을 시작했을 거예요. 재미있어서. 하지만 좋아하는 걸 직업으로 삼으려니까 힘이 든 거예요. 그건 어쩔 수 없는 숙명입니다. 그래서 저는 더욱더 사랑할 수 있어야 한다고 생각합니다. 다른 말로 하면 결국 열정이죠. 만약 여러분들 중에 자신의 재능을 의심하는 분이 있다면, 겸허히 받아들이세요. 재능은 타고나는 것이기 때문에 이제 와 바꿀 수 있는 게 아니잖아요. 어쩔 수 없는 일에는 연연하지 말고 넘겨버리세요. 대신 그 시간에 사랑을 하세요. 사랑한다면, 그 자체로 의미 있는 일입니다. 인생에서 좋아하는 일을 찾는 것만도 정말 쉽지가 않잖아요.

내가 사랑하는 일을 찾고 그 일을 할 수 있다는 건 대단한 축복입니다. 나중에 가서 이 일이 더 이상 좋아지지 않는다 하더라도, 좋아하는 일을 좇았던 시간들은 결코 인생 낭비가 아니고요. 그러니까 내가 사랑하는 그 일을 향해 나아가는 걸 두려워하지 마세요.

사실 저도 이 일을 오래 하고 있지만, 스스
로 재능이 없는 사람이라고 생각합니다. 재
능 있는 친구들이 연기하는 걸 보면 다르거
든요. 하지만 저는 이 일을 사랑은 했던 것
같아요. 지금도 배우로서의 재능을 계속해
서 의심하지만, 이 일을 하고 있는 이유가
바로 그거예요. 사랑하니까요.

가끔 동호인 연극 같은 걸 보러 가는데, 그 분들 보면 굉장히 행복해하면서 연기를 해요. 그걸 보면서 '연기란 참으로 재밌는 일이구나' 하고 다시 한 번 생각합니다. 연기를 지망하는 학생들도 아마 처음에는 재밌어서 시작하셨을 거예요. 그런데 이걸 직업으로 삼으려니까 참 힘들죠. 근데 그것 역시 어쩔 수 없는 숙명입니다. 대신 그 재미를 놓치면 안 돼요. 재미를 놓치고 현실적 고민만 남으면 계속해나갈 수가 없거든요. 그러니 다른 건 몰라도 자신이 좋아하는 일의 재미는 놓치지 않도록, 꽉 쥐고 있어야 해요.

인생은
마라톤

공자가 한 말 중에 이런 이야기가 있습니다. '배움에도 여러 가지 단계가 있다.' 이른바 삼지三智라고 불리는데 가장 좋은 것은 생이지지生而知之입니다. 가르치지 않아도 날 때부터 아는 사람이에요. 그다음은 학이지지學而知之인데 배워서 아는 사람이죠. 그리고 마지막이 곤이지지困而知之라는 건데, 아주 힘겹게 공부해서 겨우 아는 사람이라는 말이에요.

이런 말을 하면 다들 비슷한 반응을 보입니다. '날 때부터 아는 사람도 있는데 고생고생해서 겨우 조금 깨치는 사람이 있다는 건 너무 불공평하지 않은가요?' 하지만 저는 '곤이지지'라는 말을 처음 들었을 때 다른 생각이 들더라고요. 힘겹게 배우고 배워서 얻어지는 것도 있구나. 바로 깨우쳐지지 않더라도, 계속해서 연구하고 공부했을 때 그 힘듦 속에서도 깨우치는 단계가 있구나, 하는 생각이요.

여러분도 분명 애정을 갖고 매진하는데도 쉽게 결과가 나오지 않는다는 생각이 들 때가 있을 겁니다. 이럴 때 '내게 재능이 없구나'라는 생각이 들면서 포기하고 싶어지죠. 그런데 저는 그렇게 힘들게 매달려서 얻어내는 것이 더 즐겁고 값진 일이라고 믿어요. '그 정도 일은 눈 감고도 할 수 있어.' 사람들이 간혹 이런 말들을 하잖아요. 저는 눈 감고도 할 수 있으면 그 일은 그만둬야 한다고 생각하거든요. 눈 감고도 할 수 있다는 건 다 이뤘다는 뜻인데 눈 부릅뜨고 해야 하는 일을 찾아야죠. 제게 있어서 연기가 그렇습니다. 지금도 어렵고, 결코 완성되지 않는 일인 것 같아요. 그래서 제게는 여전히 도전할 만한 일이고, 계속해서 할 수 있는 일인 거죠.

그래서 꿈을 향해 나아가는 길에 가장 중요한 건 버티는 거예요. 인생은 100미터 달리기가 아니라 마라톤이거든요. 스피드가 중요한 게 아니라 오래 버티는 것, 그래서 결국 나가떨어지지 않고 이뤄내는 것이 목표죠. 그러니 잠깐의 고난에 쉽게 꿈을 버리지 마세요. 꿈의 현실성 같은 것도 생각하지 마세요. 계속 꿈꾸고, 꿈을 꾸기 위해 무언가를 하세요. 창작자라면 계속해서 자신을 훈련시키고 개발하고 즐겁게 사는 것에 인생을 바쳐야 합니다. 비록 그 과정이 타고난 사람들에 비하면 지지부진하고 느릴지라도, 그 고난을 통해 얻는 것이 분명히 있을 거예요.

노력한 만큼 인정을 받는 건 쉬운 일이 아닙니다. '몇 살까지 해보고 안되면 그만둬야지.' 이런 생각으로는 아무것도 할 수 없어요. 살아보니까 열심히 하던 분들은 어느 순간 주변의 존경이나 세상의 인정을 받게 되더라고요. 그 시기가 언제 올지는 아무도 몰라요. 이건 금메달을 따기 위한 경주가 아니에요. 예술가로서 계속해서 자신을 훈련시키고 개발하고 즐겁게 살면서 인생을 바치는 것이 결국은 성공한 인생이 아닐까 생각합니다.

연기를 하는 건 여전히 두려워요. 항상 제대
로 하고 있나, 할 수 있을까 긴장하죠. 아마
앞으로도 평생 그럴 것 같아요. 그래서 제게
연기는 여전히 재미있는 일이에요. 어려우
니까. 쉬운 일은 기억에 남지도 않아요. 어
려운 일과 그걸 버텨내고 극복한 순간만이
머릿속에 남아서, 평생을 가져갈 소중한 기
억이 되는 거죠.

자존심과
자존감

살다 보면 어느 순간 자신이 우물 안 개구리였다는 걸 깨닫게 됩니다. 저도 비교적 어린 나이에 연기를 시작해 꾸준히 여러 가지 작품을 촬영해왔기 때문에 연기를 잘한다고 착각했던 때가 있었어요. 그런데 「초록 물고기」라는 작품을 촬영하면서 그 환상이 완전히 깨졌습니다.

「초록 물고기」는 제가 처음으로 연출을 맡았던 영화입니다. 동시에 배우로도 출연했죠. 아직 연출이 익숙하지도 않은 상태였는데 덜컥 새로운 일을 맡았더니 곧잘 하던 연기마저 흔들렸습니다. 당시 감독님은 굉장히 디테일하게 리허설을 하는 스타일이었어요. 만족스러운 장면이 나오지 않으면 계속해서 다시, 다시를 외치는 분이었죠. 리허설을 하는데 '아'라는 단어 하나도 어색하게 나가고, 걷는 동작 하나하나까지 모두 신경이 쓰였어요. 결국 같은 장면을 수없이 반복하게 됐는데 너무 눈치가 보이더라고요. 저는 배우이기도 하지만 스태프이기도 했기 때문에 그 마음을 잘 알았거든요. 리허설이 길어지고 반복되면 스태프들은 '저걸 왜 못하지?'라고 생각해요. 저는 두 역할을 모두 가지고 있었기 때문에 스스로에게 계속 그런 생각이 들었어요. 결국 둘이 시너지를 내는 게 아니라 하강 작용을 해서 더 좋지 않은 상황이 됐죠.

둘 중 어느 하나 제대로 하지 못했으니 매일 여기저기서 혼이 났어요. 자존감이 팍팍 떨어질 수밖에 없었습니다. 그전까지는 '너 잘한다'라든가 '쓸 만하네' 같은 얘기들을 주로 듣고 살았어요. 우물 안에서 안온하게 살았던 거죠. 그 작품을 촬영하며 처음으로 우물 밖 세상에 나와 단단히 신고식을 치렀습니다.

도망치려는 생각도 많이 했었어요. 내가 이쪽 판에 안 왔으면, 그냥 동네에서 연극하고 말았으면 이렇게 힘들지 않았을 거란 생각이 드니까 도망치고 싶더라고요. 확 그만둬버릴까 고민하면서 잠드는 밤이 늘어갔어요. 그런데 제가 거기서 관두면 그건 말 그대로 도망가는 거잖아요. 제가 또 자존심이 있어서 도망치는 모습은 견딜 수가 없었어요. 여기서 물러선다면 앞으로 내가 뭘 할 수 있겠어라는 생각으로 하루하루를 버텼어요.

도망치고 싶다는 생각을 억누르고 버티려면 제가 생각하는 법을 바꿔야겠더라고요. 그래서 저는 혼이 날 때 이렇게 생각하기 시작했습니다. '내가 여태까지 연극만 해봤지 영화 연기는 전혀 안 해봤잖아. 그러니 못 하는 게 당연한 거 아닌가? 내가 연기를 그렇게 잘했으면 지금 한석규 씨 자리에서 주인공을 하지 왜 이 역할을 하고 있겠어?' 그렇게 생각을 했더니 갑자기 부끄럽지 않더라고요. 연출을 하면서도 같은 생각을 했어요. '내가 연출부 막내인데, 좀 모자라고 혼나는 건 당연한 일이지. 내가 감독님 마음을 다 알았으면 감독을 했지 막내를 하고 있겠어?' 어떻게 보면 시건방진 생각인데, 그렇게 생각하니까 혼나는 스트레스에서 조금은 벗어나게 됐어요.

그런 발상의 전환을 하고 나니 예전의 제가 아무것도 없는 자존심 덩어리였다는 걸 알게 됐습니다. 가진 것 하나 없는데 조그만 집단에서 잘한다, 잘한다 소리 듣고 자란 게 저한테는 독이었던 거죠. 내가 모자라니까 혼나는 거지. 내가 부족하니까 힘들지. 오케이, 접수. 이렇게 생각하니까 마음이 편해졌어요.

내가 부족하고 모자라다면, 그걸 인정하면 돼요. 내가 못 하는 걸 지적받는 게 결코 내 자존심을 망가뜨리는 일이 아니거든요. 내가 하는 일에 대한 지적이 나 자신을 비난하는 일처럼 느껴져서 의기소침해지는 때가 있다면 마음속으로 이렇게 말해보세요.

'그래, 내가 부족한 게 있으면 누군가가 지적할 수 있지. 그건 받아들이고 새로 준비하면 되지' 하고요. 아마 자신이 사랑하고 계속하는 일에서 멀어지지 않는 데 보탬이 될 겁니다. 제가 아직도 이 일을 사랑하는 것처럼요.

연기를 하다 보면 그럴 때가 있어요. '아'라
는 단어 하나가 잘 안 나올 때. 갑자기 걷는
모습이 너무 이상한 것 같고 어색할 때. 저
도 「초록 물고기」를 할 때 그런 걸 느꼈어요.
스트레스라는 게 사람을 이상하게 위축시
키잖아요. 쉽다고 생각했던 것들이 갑자기
잘 안되고, 자꾸 혼이 나니까 자신감이 떨
어져서 도무지 아무것도 할 수 없는 상황이
었어요.

그런데 '내가 배우로서 감독님께 지적받고 혼나는 건 부끄러워할 일이 아니다. 너무 당연한 일이다'라고 생각했더니 괜찮아지더라고요. 누가 뭐라고 해도 '내가 모자라니까 그렇지. 오케이, 접수'하고 받아들였더니 그게 스트레스로 남지 않았어요. 내가 부족하고 모자란 걸 인정하면 되는데 잘난 것도 없는 제가 그걸 제 자존심으로 착각하고 있었던 거예요. 자존심과 자존감은 다르거든요. 저도 지적받는 것, 궂은 말 듣는 걸 많이 두려워했는데 그때 그걸 깬 것 같아요. 저에겐 중요한 계기였어요. 그전까지는 굉장히 제한된 세계 속에서 살았는데「초록 물고기」라는 작품을 하면서 좀 더 넓은 세계로 나오게 됐다는 생각이 듭니다.

나만의 색깔을
완성하는 방법

허
진
호

서른 살의
신입생

원하는 길을 일찍 정하는 것도 능력입니다. 남들보다 더 많은 시간을 투자할 수 있으니까요. 그런 면에서 저는 한참 뒤처져 있었습니다. 대학교를 졸업하고 회사에 들어가 1년 반이나 근무하고 나서야 '영화를 해볼까?'라는 생각을 했거든요. 저는 대학에서 철학을 전공했습니다. 졸업 후 취업을 준비하면서 방송국 시험을 봤지만, 그마저 1차에서 모두 떨어지고 말았죠. 한마디로 영화와는 전혀 관련이 없던 사람이었습니다.

이런 제가 영화를 하고 있으니 뭔가 특별한 계기가 있을 거라고 생각하실지도 모르겠습니다. 특정한 영화에 미쳤다든지, 영화로 인해 인생이 바뀌었다든지. 아쉽게도 모두 아닙니다. 저는 단순히 창작을 하고 싶었습니다. 그게 영화인지, 드라마인지, 아니면 다른 종류의 콘텐츠인지는 몰라도 뭔가를 만들어내고 싶었어요. 그리고 그때 보게 된 게 바로 이 문장이었죠. "영화 아카데미에서 신입생을 모집합니다." 그 짧은 문장 한 줄 때문에 저는 백수의 길로 들어섭니다.

운이 좋았습니다. 당시 영화 아카데미에서는 한국 영화도 세계화할 수 있어야 한다는 명목으로 영어 시험 난이도를 대폭 올렸고, 저는 방송국 시험을 치기 위해 영어를 정말 열심히 공부했었거든요. 덕분에 영화에 대한 폭넓은 지식 없이도 아카데미에 합격할 수 있었습니다. 그때 제가 딱 서른 살이었습니다. 철학과를 나와 일반 회사에 들어갔다 퇴사한 서른 살의 신입생. 저는 그렇게 영화의 길에 들어섰습니다.

당연히 뒤떨어질 수밖에 없었습니다. 같이 입학한 동기들은 고다르 감독 영화가 더 좋다, 타르코프스키 감독이 더 낫다 같은 얘기를 하는데 이거 뭐 도통 알아들을 수가 있어야죠. 속된 말로 씹는다고 하죠? 미장센이 어떻다, 구도가 어떻다는 말이 하루 종일 이어집니다. 지금이라면 몰래 스마트폰 검색이라도 해가며 배울 텐데 그땐 방법이 없었습니다. 그저 간간히 고개를 끄덕이며 "그렇구나"라는 추임새만 넣고 있었죠. 그런데 그렇게 박학다식했던 아이들이 일제히 조용해지는 순간이 옵니다. 바로 처음으로 자기만의 영화를 만들게 된 때입니다.

할 말이 없습니다. 자기가 봐도 별로거든요. 매일 밤낮으로 씹
었던 그 저질 영화들보다 내 영화가 후집니다. 그때가 가장 큰
좌절을 하게 되는 시기입니다. 당연히 회의가 들죠. 내가 별로라
고 생각했던 영화보다 더 별로인 영화를 만들고 있는 나를 보는
것은. 그런데 저는 그게 그렇게 재미있었습니다. 틀리고 배우고
찍고 버리고. 처음 놀이터에 놀러 간 아이처럼, 잘 놀든 못 놀든
그저 이 공간에서 뭔가를 한다는 것 자체가 즐거웠습니다. 굳이
이유를 찾자면 기대가 없었기 때문 아닐까요. 저는 아무것도 모
르고 아무것도 해본 적이 없기에 제가 잘할 거란 생각 자체를 하
지 않았습니다. 기대가 없었으니 당연히 절망도 크지 않았죠.

고백하자면 저는 천성적으로 참 게으른 사람입니다. 아침잠도
많고 뭔가에 몰입해서 열심히 해본 기억도 거의 없으니까요. 그
런 제가 편집하는 기계 안 뺏기겠다고 새벽까지 버티더라고요.
그것도 모자라, 서울역 앞 목욕탕에 가서 딱 한 시간 자고 나와
다시 영화를 편집했습니다. 처음이었습니다. 그렇게 부지런하게
살아본 게. 실력이나 가능성 같은 이야기를 하는 게 아닙니다. 죽
도록 뭔가에 매달리고 있는 내 모습을 보니 그런 생각이 들었어

요. '어쩌면 내가 영화감독이 될 수도 있겠구나.'

그렇게 시작한 게 벌써 27년이 됐습니다. 다른 유명한 감독님들 이야기를 들어보면 영화가 너무 좋아서 시작했는데 그 과정이 힘들고 괴로웠다고 말씀하시더라고요. 그런데 저는 이상하게도 영화를 만들면서 영화가 좋아졌어요. 딱히 영화에 미쳐서 회사를 관둔 것도 아니고, 내 재능에 대한 확신이 있어서 영화를 시작한 것도 아니었죠. 단순한 이유였습니다. 그냥 해보고 싶었어요.

사람들은 저마다 무언가를 시작하는 이유가 다양하고, 시기역시 천차만별입니다. 누군가는 더 늦게, 또 누군가는 더 빠르게할 수도 있죠. 아마 그 시작이 늦으면 늦을수록 이런 생각이 많이 들 겁니다. '성공할 수 있을까?' 그런데 모든 도전에 대한 이유가 꼭 재능과 성공에 있어야만 하는 것은 아니에요. 어쩌면 해보고 싶다는 게 가장 솔직하고 강한 동기가 될 수도 있죠.

즐기는 사람 못 이긴다는 말이 있습니다. 저는 이 말을 이렇게해석해요. 즐긴다는 건 단 한순간의 고통도 없다는 게 아니라 똑같이 힘들고 졸리고 피곤하고 화나고 좌절하는데, 그것조차 재

아카데미에서 첫 번째 과제가 다섯 커트짜리 영화 만들기였어요. 그러고 나니까 고다르 감독 영화는 미장센이 어떻다, 구도가 어떻다 하고 떠들던 사람들이 입을 다물더군요. 자기가 그렇게 '씹었던' 감독들 영화보다 자신이 만든 영화가 훨씬 형편없거든요. 그러니 얼마나 좌절했겠어요? 하지만 저는 전혀 그런 마음이 안 들었어요. 그 대신 '와, 영화 찍는 게 이렇게 재밌구나' 하는 생각이 들었던 거 같아요. 졸업작품 찍을 때는, 편집하는 기계 안 뺏기려고 매일 새벽까지 붙잡고 있었어요. 태어나서 무언가를 가장 열심히, 치열하게, 부지런하게 했던 것 같아요. 그래서 그때 이런 생각을 했죠. '아, 나도 영화감독이 될 수 있겠구나.'

미있다는 뜻이라고. 도전에 있어 가장 중요한 것은 그것일지도 모릅니다.

새로움이란
아주 개인적인 이야기

영화 아카데미에 입학하기 전 회사를 다닐 때, 제 소유의 자동차가 한 대 있었습니다. 비싼 차는 아니고, 그런대로 굴러는 가는 그런 차였죠. 그러다 영화를 본격적으로 시작하면서 팔게 되었어요. 차를 몰고 중고시장으로 들어서는데 흔히 브로커라고 부르는 사람이 달려들더니 무작정 내려보라고, 일단 내리라고, 내가 잘 쳐주겠다고 하는 겁니다. 말투며 행동이 아주 거칠었어요. 처음에는 150만 원을 주겠다고 하더니 1분도 지나지 않아서 차에 문제가 있으니 100만 원만 줄 수 있다고 아주 뻔뻔하게 말하더군요. 거짓말도 능수능란하게 섞어가면서요. 그런데 그 말이 거짓인 줄 알면서도 도무지 반항할 수 없는 그들만의 분위기가 있더라고요. 신기하게도 저는 그게 너무 재미있었어요. 도덕적으로 옳고 그름을 떠나서 그 공간 자체가 주는 독특한 분위기와 그분들의 행동거지가 살아 있다는 느낌을 받았습니다. 그래서 결정했죠. "그래, 이걸 만들어봐야겠다."

　다음 과제물이 주어지자 실제 중고차 시장으로 유명한 장한평에 가서 촬영을 했습니다. 그리고 제 차를 구매했던, 150만 원 준다고 했다가 점점 가격을 내린 그분도 출연을 시켰죠. 그렇게 혼자 이리 뛰고 저리 뛰며 결국 영화를 완성시켰는데 의외로 반응이 좋았습니다. 며칠 만에 완성한 시나리오치고는 과분한 찬사를 받았죠.

　처음 창작을 시작할 때 누구나 이런 생각을 하기 마련입니다. '새로운 걸 만들고 싶다, 세상 어디에도 없는 나만의 작품을 만들고 싶다.' 그리고 얼마 지나지 않아 고민에 빠지죠. '근데 그게 대체 뭐지?' 새로움이란 과연 무엇이고 기존의 작품들과 얼마만큼, 어떻게 달라야 사람들이 새롭다 느낄까요? 저는 아직 많이 부족하기에 이렇게밖에 답할 수 없을 것 같습니다. '새로움이라는 건, 지극히 개인적인 경험을 아주 솔직하게 풀어놓는 것이다.'

　박철수 감독님의 작품 중 장례식에 관련된 영화가 있는데, 거기서 이런 장면이 나옵니다. 아버지가 돌아가셨는데 아들의 눈에서 눈물이 안 나옵니다. 아니 슬프긴커녕 때마침 영화에 대한 기막힌 아이디어가 떠올라요. 조금 전에 아버지가 돌아가셨는데. 우리 상식선에서는 말이 안 되죠. 오열을 해도 모자랄 판에 영화에 대한 아이디어나 떠올리고 있으니 말이에요. 그런데 저는 이게 새로움이라고 생각합니다. 슬픔에 대한 전형성을 깨버린 아주 개인적인 이야기죠.

제 영화 「8월의 크리스마스」도 비슷합니다. 극 중에 시한부 선고를 받은 아들(한석규 배우)이 아버지(신구 배우)에게 비디오 작동법을 알려주는 장면이 있었어요. 젊은 분들은 잘 모르겠지만, 예전에는 비디오를 보려면 특정 채널에 맞춰야 했습니다. 4번이면 4번, 2번이면 2번. 텔레비전을 그 채널에 맞춰놓고 리모컨의 버튼을 눌러야 재생이 되었죠. 그래서 항상 아버지 대신 아들이 비디오를 재생해주었는데, 이제는 그럴 수가 없는 거죠. 그런데 어르신이 그걸 어떻게 알아듣겠어요. 아무리 알려줘도 계속 틀리죠. 결국 한석규 배우가 '왜 그렇게 못 알아듣냐'고 불같이 화를 냅니다. 그리고 이 이야기 역시 제 경험에서 시작되었습니다.

저희 아버지도 정년 퇴임하신 뒤, 심심할 때마다 비디오로 영화를 보셨습니다. 당연히 저도 그때마다 대신 틀어드렸죠. 하루는 너무 화가 나더라고요. 정말 하나하나 일일이 다 설명을 해드

렸는데도 모르시니 답답했거든요. 벌컥 소리를 지르고 밖에 나왔는데 너무 슬펐습니다. 별것도 아닌 일에 화를 내는 내 모습과, 그거 하나 못한다고 기가 죽는 아버지의 모습이.

제 경험들은 이렇게 영화에서 사용됩니다. 그렇기에 저는 아무리 사소한 일이라도 주의 깊게 관찰하고 메모하죠. 집 앞에서 기괴한 복장을 한 사람을 본 날은 '저거 영화에 넣어보면 어떨까'라는 생각을 하고 곧 만개할 꽃 위에다가 누가 담배꽁초를 올려놓고 간 것을 보며 왜 그랬을까를 상상합니다. 그리고 그 모든 장면을 제 경험의 주머니 속에 넣어둡니다.

새로움이라는 것은 어쩌면 자기만의 색깔이라는 말과 같습니다. 다른 사람에게는 없는 것이니까요. 그런데 그 말이 갖고 있는 무게감 때문인지 우리는 자기만의 색깔을 너무나 거창하게 만들려고 합니다. 물론 세상에는 정말 남들보다 거대하고 확연한 색깔을 가진 사람들도 있을 겁니다. 하지만 그런 것만이 방법은 아니라는 이야기를 하고 싶습니다. 아무것도 떠오르지 않는다면, 가장 개인적인 곳에서부터 시작해보세요. 때로는 가장 일상적이고 개인적인 이야기에 대한 발견이 그 어떠한 것보다 진한 색깔이 되곤 합니다.

아카데미를 졸업하고 제 영화를 준비할 즈음 굉장한 매너리즘에 빠져버렸어요. '이렇게 계속 살 수 있을까'라는 불안감도 컸고. 그러다 보니 어느샌가 제가 이런 생활을 하고 있더라고요. 밤 새워 술 마시고 조간신문 올 때쯤에야 잠들고 마음 맞는 친구들끼리 모여서 카드 치러 다니고.

어느 날엔가 방에 쭈그리고 앉아 있었는데 갑자기 가슴이 아픈 거예요. 그래서 동네에 있는 큰 병원에 갔어요. 가서 폐 사진을 찍었는데, 의사랑 간호사가 심각한 표정으로 얘기하더라고요. 순간 폐암인가 하는 생각까지 들었어요. 그러더니 사진을 다시 찍어야 한다는 거예요. 급하다고. 한 시간 뒤에 사진을 찍기로 하고 의자에 앉아 기다리고 있는데 또 배가 고픕니다. 그래서 병원 지하에 있는 분식집에서 라면을 먹는데 너무 맛있었어요. 그때 그런 생각이 들었죠.

'아, 내가 지금 죽을 때가 다가오니까 라면이 이렇게 맛있구나.' 창피하지만, 「8월의 크리스마스」는 여기서 출발했어요. 죽어가는 자의 일상은 어떨까라는 생각으로 영화를 만들게 됐죠.

아마 여러분들도 그런 경험들이 있을 거예요. 누군가에게 차였던 순간일 수도 있고, 또 어떤 사람과 연애의 감정을 시작할 때일 수도 있고. 혹은 열심히 싸웠을 때일 수도 있겠죠. 바로 그렇게 직접 경험하고 느끼는 것들이 영화적인 새로움을 가진 이야기로 탄생할 수 있어요. 이렇듯 자기만의 시선을 계속 훈련하는 것이 가장 중요하다고 생각합니다.

타인의 경험을
훔쳐라

'평생 딱 한 작품만 만들고 은퇴하겠다!'라고 생각하는 창작자
는 없을 겁니다. 가능하다면 많이, 그리고 잘 만들고 싶은 게 모
든 창작자의 바람이죠. 그런데 여기에서 한계가 옵니다. 한 편,
두 편은 개인적인 이야기를 녹여내 어찌어찌 만들어낼 수 있지
만 그 뒤부터는 내 경험만으로 감당하기 힘들죠. 한 사람이 경험
할 수 있는 인생의 모습에는 한계가 있기 때문입니다. 바로 그때
부터 우리에게 중요한 개념이 등장합니다. '관찰'이죠.

언젠가 다큐멘터리에서 이런 장면을 본 적이 있습니다. 자신
을 버린 부모를 찾는 프로그램이었고, 우여곡절 끝에 전화 연결
이 된 상황이었죠. 어머니와의 통화였는지 아버지와의 통화였는
지는 잘 기억나지 않습니다. 중요한 것은 부모와 통화를 하는 이
남자분이 전혀 울지 않았다는 거죠. 방청객이고 MC고 모두 다
눈물을 훔치는데 정작 당사자인 그 남자만큼은 미동이 없습니
다. 그러다 어느 순간 눈물이 떨어집니다. 목소리의 떨림도 없이
그저 눈물만 툭툭. 어쩌면 우리의 역할은 그렇게 개인적이고 고
유한 상황을 훔쳐내는 것인지도 모릅니다. 주변 사람을 만날 때,

누군가를 취재할 때. 그렇게 순간순간 스쳐가는 모든 일상을 기록하며 훔쳐내야 하는 것이죠.

여러분이 잘 아시는 송강호 배우가 대표적인 예가 될 것 같습니다. 경찰, 건달, 택시 기사 등등. 송강호 배우는 어떻게 그토록 다양한 배역을 이질감 없이 소화해낼 수 있을까요? 그것도 배역마다 나름의 색깔을 살리면서. 송강호 배우는 대표적으로 관찰을 많이 하는 배우로 꼽힙니다. 포장마차에 가서 술을 마실 때도, 우연히 만난 사람을 대할 때도 언제나 주변을 보며 개인적이면서도 독특한 특징들을 살피고 연기에 적용하죠.

창작하는 사람들의 업보일지도 모르겠습니다. 내 주변에서 일어나는 현상들을 놓치지 않고 관찰하는 것. 때로는 피곤할 때도 있겠죠. 끊임없이 감각을 곤두세우고 있어야 할 테니까요. 그런데 차이는 거기서 나옵니다.

대단한 흥행은 아니더라도 자기만의 작품을 지속적으로 만들어가는 사람들이 있습니다. 한 계단, 한 계단씩 착실하게 키워나가는 사람이요. 그 과정에서 나를 알아봐 주는 사람들이 조금씩 생기고 사람들은 점점 이런 말을 하게 되죠. '이 사람은 달라.'

어떻게 보면 창작하는 사람들의 업보라고
생각해요. 생활 속에서 자기가 경험하고 관
찰한 것들을 통해 영화적인 생각을 하는 게
중요하죠. 결국 끊임없이 생각을 해야 해요.
저 사람은 왜 저렇게 어색해하고 말도 못 하
고 있나부터 저 사람은 왜 저렇게 말이 많을
까까지. 그 모든 걸 생각하며 그 사람의 말
투나 표정의 이유를 관찰하는 거죠.

그것이 꼭 책상에 앉아서 컴퓨터를 갖다 놓
고 시나리오를 쓰면서 나오는 거 같지는 않
습니다. 자꾸 부딪치다 보면 어느 순간 딱
하고 어떤 생각이 들 때가 있거든요. 그때를
잘 포착하고 거기에 본인이 경험했던 여러
일상들을 섞으면 색다른 자기만의 시선이
나올 수 있다고 생각해요.

창작에 있어 성공보다 중요한 것이 색깔이라는 생각을 많이 합니다. 순간적으로 반짝이는 재능보다 진하게 느껴지는 색깔이 그 일을 지속할 수 있는 가장 큰 무기가 되기 때문이죠. 힘들다는 걸 압니다. 그래도 계속해서 나의 경험을 돌아보고 다른 사람의 일상을 관찰해보세요. 그리고 그것을 쌓아두세요. 그게 여러분만의 무기가 되어줄 겁니다.

스타 이즈
리얼리 본?

최근에 「스타 이즈 본 A Star is born 」이란 영화를 봤습니다. 영화의 전반적인 스토리는 이렇습니다. 놀라운 재능을 가졌지만 자신감이 없던 무명가수 앨리(레이디 가가)가 톱스타 가수인 잭슨(브래들리 쿠퍼)을 만나면서 벌어지는 사랑과 고뇌 이야기. 이 영화는 총 네 번이나 리메이크될 만큼 역작으로 손꼽히며 수많은 명대사를 낳았습니다. 저는 그중에서 이 대사가 가장 마음에 와닿더라고요. 극중 앨리의 아버지가 자신의 노래 실력이 세계적인 가수에도 비견될 거라고 한 뒤, 이런 말을 합니다. "그런데 세상에는 그런 사람들이 너무 많아."

허진호

저는 이게 우리처럼 창작을 꿈꾸는 사람들이 겸허히 맞이해야 하는 현실이라 생각합니다. 나도 잘하고 너도 잘하고 쟤도 잘해요. 세상에 재능은 넘칩니다. 그리고 그중에서 기회를 얻을 수 있는 사람은 극소수일 뿐이죠. 도대체 그 기회는 누구에게 주어지는 걸까요. 저는 지속하는 사람이라고 생각합니다. 보여지지 않는 재능은 절대 꽃을 피울 수가 없습니다. 그리고 사람마다 매력을 느끼는 포인트는 다르죠. 나를 알아봐 줄 사람을 만나기 위해 우리가 끊임없이 지속해야 하는 이유입니다.

언젠가 촬영소를 가던 길이었습니다. 새벽 여섯 시쯤이었는데, 그렇게 들어가기가 싫었어요. 솔직히 말하면 무서웠습니다. 잘할 자신이 없어서. 평범한 것을 반복하고 싶지는 않고, 새롭고 다채로운 것을 만들고 싶은데 아무런 생각이 안 났어요. 내 능력에 대한 회의도 많이 생겼습니다. '그 사람이라면 이렇지 않았을 텐테……, 그 감독은 분명 그랬는데……'라는 생각이 끊임없이 드는 거죠. 그리고 이 말은 여러분이 잘 아시는 스티븐 스필버그 감독과 봉준호 감독의 입에서도 나왔죠. 가장 힘든 순간이 차에서 내려 촬영장으로 들어가는 순간이라고요.

잘할 수 없을 것 같다는 불안과 절망을 없애기 위해 사람들은 자신감을 가지라고 합니다. 혹은 아무도 토 달 수 없는 대단한 실력을 가지라고도 하죠. 그런데 스필버그 감독이나 봉준호 감독의 사례를 보면 그렇지마는 않은 것 같습니다. 일단 촬영장에 가야 해요. 그리고 죽이 되든 밥이 되든 카메라를 보며 찍고 또 찍어야 합니다. 결국에 내 마음에 들 때까지요. 그 일을 끝내지 않는 이상 내 불안은 사라지지 않습니다.

「행복」이라는 영화로 상을 받은 뒤 이런 말을 한 적이 있습니다. "영화를 만드는 일은 정말 힘들고 어렵다. 그런데도 감독은 현장에 있을 때가 가장 행복한 것 같다." 새벽까지 잠도 못 자고 혼자 고민하고 자기 비난하는 것보다 영화를 찍고 있는 그 순간이 나를 가장 안심하게 만듭니다.

이런 생각을 할 수도 있을 것 같습니다. '나는 아직 어리고 경험도 적기 때문에 더 많이 준비하고 세상에 나가자. 정말 좋은 작품을 만들 수 있는 실력이 되었을 때 시작하자.' 그런데 지금이 바로 그때입니다. 나이가 들면 달라질 거다, 경험이 쌓이면 불안하지 않을 거라는 생각은 착각입니다. 시간이 갈수록, 경험이 많아질수록 더욱 불안해지고 좌절하게 됩니다. 기대가 커졌으니까요. 내가 해내야 할 이유도, 책임감도 모두 불어났으니까요.

더 이상 기다리지 마세요. 지금 당장 시작하는 사람만이 원하는 걸 만들어낼 수 있습니다. 나를 불안하게 만드는 그 일을 하세요. 그게 세계적인 스타에 비견될 재능을 숨겨둔 우리가 가져야 할 태도입니다.

나이가 들면 지금보다 훨씬 더 나아질 것이라
고 생각하는 분들이 많은 것 같아요. 어느 정도
는 맞는 말일 수도 있지만 그게 여러분의 생각
만큼 큰 차이가 아닐 수도 있어요. 지금 당장
어떤 기회가 주어진다고 했을 때 뜻하지 않은
역량을 발휘할 수도 있잖아요. 그 경험을 통해
자신이 잘할 수 있는 새로운 길을 찾을 수도 있
고요.

여러분도 잘 아는 송강호 같은 배우도 「초록
물고기」라는 영화에서 수많은 단역 중 한 명
으로 캐스팅되었다가 갑자기 다른 조연의
대사를 연기하게 되면서 유명해졌습니다.
또 요즘 왕성하게 활동 중인 조우진 배우는
오랫동안 단역 생활을 하다 「도깨비」라는 좋
은 작품을 만나 많은 사람들에게 알려지게
되었고요.

그러니 계속해야 해요. 절대 지금 어리다고
생각하지 마세요. 부족하다고 생각하지도
마세요. 언젠가는 나아질 거라고 생각하지
마시고 지금, 바로 뛰어드세요.

강제규

곽경택

김용화

봉준호

이명세

이순재

임순례

장준환

전무송

정진영

허진호

천만을 움직이는 크리에이티브는 어디서 시작하는가

창작자들

초판 1쇄 인쇄 2020년 5월 7일
초판 1쇄 발행 2020년 5월 18일

지은이 강제규 곽경택 김용화 봉준호 이명세 이순재 임순례 장준환 전무송 정진영 허진호
기획 동아방송예술대학교
펴낸이 김선준

책임편집 임나리
마케팅 권두리 조아란 오창록 유채원
경영관리 송현주

펴낸곳 포레스트북스 **출판등록** 2017년 9월 15일 제 2017-000326호
주소 서울시 강서구 양천로 551-17 한화비즈메트로1차 1306호
전화 02) 332-5855 **팩스** 02) 332-5856
홈페이지 www.forestbooks.co.kr **이메일** forest@forestbooks.co.kr
종이·출력·인쇄·후가공·제본 현문인쇄

ISBN 979-11-89584-66-5 03190

포레스트북스(FORESTBOOKS)는 독자 여러분의 책에 관한 아이디어와 원고 투고를 기다리고 있습니다. 책 출간을 원하시는 분은 이메일 writer@forestbooks.co.kr로 간단한 개요와 취지, 연락처 등을 보내주세요. '독자의 꿈이 이뤄지는 숲, 포레스트북스'에서 작가의 꿈을 이루세요.